글로벌 한국어
Global Korean  1A

글로벌 한국어(Global Korean) 1A

발 행 일	2025.06.13.
저　　자	라혜민, 김화영A, 김화영B, 문민정, 정진영, 한지수
펴 낸 곳	소통
펴 낸 이	최도욱
디 자 인	조해민
삽　　화	임주원
주　　소	서울시 금천구 시흥대로 193 아람아이씨티타워 1110호
전　　화	070-8843-1172
팩　　스	0505-828-1177
이 메 일	sotongpub@gmail.com
홈페이지	http://www.sotongpub.com
가　　격	25,000원
I S B N	979-11-91957-46-4 93700

이 책의 내용은 저작권법에 따라 보호받고 있습니다.

1A MP3

글로벌 한국어
Global Korean 1A

소통

머리말

한국어와 한국 문화에 대한 세계적인 관심이 나날이 높아지면서, 한국으로 유학을 오는 학습자들의 수가 꾸준히 증가하고 있습니다. 또한 해외 여러 나라의 중·고등학교에서는 한국어를 제2외국어로 채택하고 있으며, 한국어능력시험(TOPIK)을 시행하는 국가도 점점 늘어나고 있습니다. 이에 따라 한국의 위상은 경제적인 면뿐만 아니라 문화적인 면에서도 크게 높아졌다고 할 수 있습니다.

선문대학교 한국어교육원은 1989년 3월 개원 이래, 선생님들의 교육에 대한 열정과 경험을 담아 외국인 한국어 학습자들을 위한 다양한 교재를 꾸준히 편찬해 왔습니다. 이러한 기반 위에서 새롭게 출간한 초급 교재 1AB와 2AB는 한국어를 처음 접하는 학습자들이 쉽고 재미있게 공부할 수 있도록 그림 자료와 함께 의사소통 능력 향상에 중점을 두어 개발되었습니다.

특히 이번 초급 교재는 듣기, 읽기, 쓰기, 말하기를 통합적으로 학습할 수 있도록 구성하였으며, 한국어능력시험(TOPIK) 준비에 필수적인 어휘, 문법, 표현 학습에도 중점을 두었습니다. 이를 통해 다양한 목표를 가진 외국인 학습자들이 보다 쉽게 한국어에 다가가고, 즐겁게 학습할 수 있기를 기대합니다.

끝으로, 이번 교재 편찬에 애써 주신 모든 분들께 깊은 감사의 마음을 전합니다. 최고의 교재를 만들기 위해 노력해 주신 저자들께 진심으로 감사드리며, 늘 따뜻한 격려와 지원을 해 주신 선문대학교 문성제 총장님께도 특별한 감사를 드립니다. 아울러 교재 출판을 위해 수고해 주신 소통 출판사 사장님과 관계자 여러분께도 고마운 마음을 전합니다.

선문대학교 한국어교육원 원장

단원구성

과	주제	제목	어휘	문법과 표현
	발음	• 모음¹	• 자음¹	• 모음²
1	자기소개	안녕하십니까?	국적 어휘 직업 어휘	-입니까?/입니다 -이/가 아닙니다 -은/는¹
2	교실	저건 아만다 씨의 책상이에요	교실 물건 어휘 학용품 어휘 이것 / 그것 / 저것	-이에요/예요 -이/가 아니에요 -의
3	방	방에 무엇이 있어요?	물건 어휘 위치 어휘	-이/가 있다(없다) -에¹ -도
4	일상생활	도서관이 조용해요 도서관에 한국어 책이 많아요	형용사¹ 동사¹	-아요/어요¹ -지 않다 -은/는² * '으' 탈락
5	장소	커피숍에서 친구를 만나요	장소 어휘 여기 / 거기 / 저기 동사²	-에 가다 -을/를 -에서 * 'ㄷ' 불규칙
6	생일	제 생일은 어제였어요	수¹ 시간 관련 어휘	날짜와 요일 -에² -이었어요/였어요
7	계절과 날씨	어제는 너무 더웠어요	계절 어휘 날씨 어휘	-았어요/었어요 -고 싶다 -과/와 * 'ㅂ' 불규칙
8	친구	언제 한국에 왔습니까?	운동 어휘 착용 어휘	-ㅂ니까?/습니까? -ㅂ니다/습니다 -았습니까?/었습니까? -았습니다/었습니다 -고¹ * 'ㄹ' 탈락

말하기	듣기	듣고 말하기/쓰기	읽고 쓰기/말하기	과제 활동
· 자음²	· 받침	· 겹받침	· 한글 읽기	· 인사말
인사하기	가족 직업 소개하기	자기 소개하기	직업 소개하기	사물 이름 말하기
물건 이름 묻고 답하기	누구 물건인지에 대한 대화 듣기	교실 물건 묻고 답하기	교실 소개하기	친구 물건 묻고 답하기
방에 있는 물건 말하기	가족 사진 설명하기	편의점 위치 묻고 답하기	방 소개하기	물건 위치 소개하기
도서관 책 확인하기	일상생활 대화 듣기	물건에 대해 묻고 답하기	편의점 물건 소개하기	물건에 대해 설명하기
지금 하는 일 묻고 답하기	장소 위치 묻고 답하기	백화점에서 하는 일 묻고 답하기	커피숍에서 하는 일 설명하기	장소 설명하기
생일 묻고 답하기	날짜 묻고 답하기	생일 선물 묻고 답하기	어린이날 설명하기	생일 노래 부르기
계절에 대해 묻고 답하기	날씨 소개하기	좋아하는 계절 대화 듣기	겨울에 한 경험 소개하기	고향 날씨 소개하기
반 친구에 대해 묻고 답하기	친구에 대해 말하기	친구와 하는 일 대화 듣기	친구 소개하기	좋아하는 것 묻고 답하기

일러두기 및 내용 구성

'글로벌 한국어' 1A와 1B 교재는 외국어로서의 한국어 초급 학습자들을 위한 교재이다. 1A와 1B는 각각 8개 과로 구성되었다. 각 과에는 어휘, 문법과 표현1~3, 말하기, 듣기, 듣고 말하기 또는 듣고 쓰기, 읽고 쓰기, 읽고 말하기로 다양하게 구성되어 있다. 그리고 과제 활동, 자기 평가, 문화 읽기, 어휘 목록 등으로 이루어져 있다. 한 개 과는 8시수 수업용으로 구성되었는데 세부 내용은 다음과 같다.

○ 학습 내용

각 과의 첫 쪽에는 학습 목표를 일목요연하게 볼 수 있게 하였으며 어휘, 문법과 표현, 그리고 듣기, 말하기, 듣고 말하기/쓰기, 읽고 쓰기/말하기와 과제 활동의 기능을 제시하였다. 또한 각 과의 주제에 맞는 사진이나 그림을 넣어 학습자들이 어떤 내용을 학습할지를 예측해 보도록 하였다.

○ 어휘

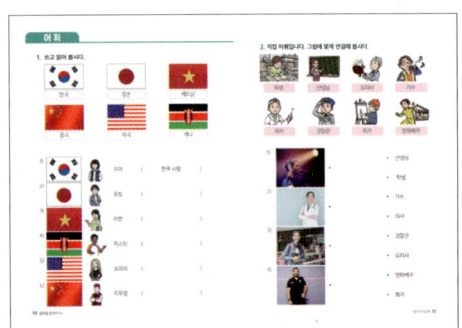

'어휘'는 '국제 통용 한국어 표준 교육과정'의 각 급에 해당하는 어휘를 주제에 맞게 선정하여 제시하였다. 학습자들이 의미를 유추하여 파악할 수 있도록 사진이나 그림을 넣었고, 쓰기와 말하기 등으로 어휘를 익히며 연습할 수 있게 구성하였다.

○ 문법과 표현 1~3

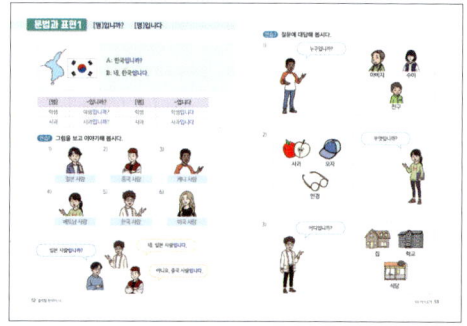

'문법과 표현1~3'은 '국제 통용 한국어 표준 교육과정'의 문법을 바탕으로 가장 빈도 높은 문법들을 골라 주제에 맞게 선정하여 제시하였다. 학습자들이 기본 문형을 익힐 수 있게 형식을 제시하였고 연습1과 연습2에서는 기본 대화와 확장 연습을 통해 유의미한 활동을 하도록 구성하였다.

○ 말하기

'말하기'에서는 각 과에서 학습한 주제 어휘와 문법을 중심으로 모범 대화를 구성하여 제시하였다. '대답해 봅시다'의 2개 질문을 통해 말하기 본문을 이해했는지 학습자들이 확인하도록 하였다. 그리고 대화 내용을 바꿔서 말할 수 있도록 교체되는 부분에 색을 달리 하여 제시함으로써 학습자들이 단순 대화 연습에서 머무르지 않고 유사한 내용으로 확장된 대화를 더 연습할 수 있도록 구성하였다. 더 나아가 말하기 활동을 추가해서 학습자들이 주제와 관련된 내용으로 재미있게 심화 학습을 할 수 있도록 하였다.

○ 듣기, 듣고 말하기/쓰기

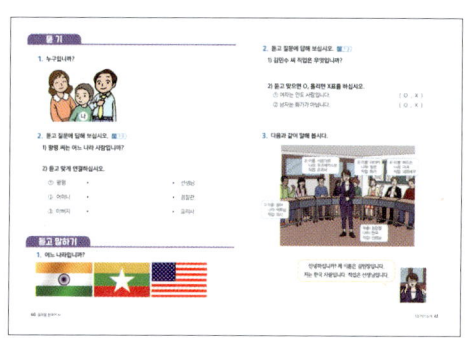

- '듣기'에서는 도입 질문을 통해 학습자들이 듣기 내용에 대해 준비하도록 하였다. 2세트 내외의 짧은 대화나 지문을 듣고 2개의 문제를 풀면서 주제에 대한 내용을 학습하도록 구성하였다.
- '듣고 말하기/쓰기'에서는 도입 질문으로 듣기 내용을 추측해 볼 수 있게 하였고 내용을 들은 후에 2개의 내용 이해 문제를 풀도록 구성하였다. 그 후 들은 내용과 관계있는 말하기나 쓰기 활동을 넣어서 학습자들이 의사소통 능력을 향상시킬 수 있도록 하였다.

○ 읽고 쓰기/말하기

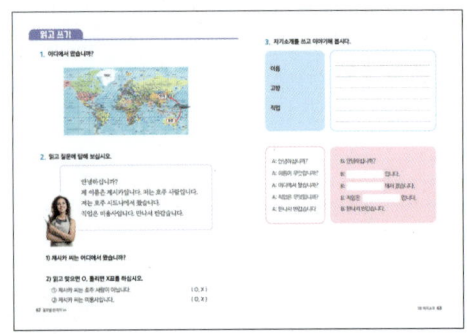

'읽고 쓰기/말하기'에서는 도입 질문을 통해 학습자들이 읽기 지문에 대해 생각해 보도록 하였고, 읽기 활동 후에는 2개의 내용 이해 문제를 넣어서 학습자들이 글을 잘 이해했는지 점검해 보도록 구성하였다. 더 나아가 쓰기나 말하기 내용을 넣어서 학습자들이 쓰기, 말하기로의 연계 활동을 할 수 있도록 하였다.

○ 과제 활동

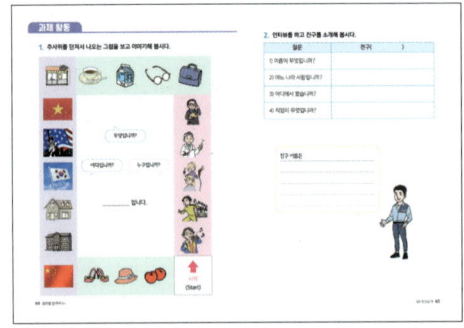

'과제 활동'에서는 통합 활동으로써 의사소통의 네 가지 영역을 아우르며 학습자들이 각 과의 주제에 맞는 실제적인 활동을 다양하게 하도록 구성하였다.

○ 어휘 목록, 자기 평가 및 문화 읽기

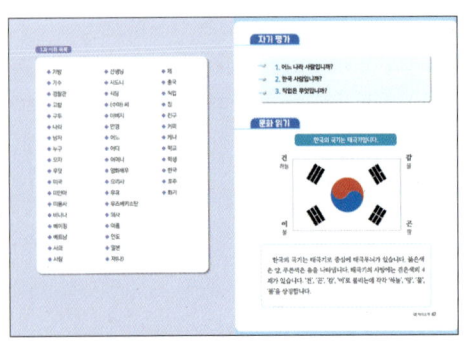

- '어휘 목록'에서는 어휘, 문법과 표현, 말하기, 듣기, 듣고 말하기/쓰기, 읽고 쓰기/말하기의 어휘 목록을 넣어서 각 과의 40~60여 개의 어휘를 한눈에 볼 수 있게 하였다.
- '자기 평가'에서는 학습자가 각 과에서 가장 중요한 어휘와 문법을 알고 있는지 질문을 통해 스스로 확인할 수 있게 하였다.
- '문화 읽기'에서는 각 과의 주제에 맞는 읽기 자료를 제시하여 학습자들이 한국 문화를 쉽게 이해할 수 있도록 구성하였다.

목차

머리말	5
교재 구성	6
일러두기 및 내용 구성	8
발음	14
1과 자기소개	48
2과 교실	68
3과 방	88
4과 일상생활	108
5과 장소	128
6과 생일	148
7과 계절과 날씨	168
8과 친구	188
모범 답안	208
듣기 지문	218

히엔

유토

소피아

타냐

최수아

케빈

등장인물

저스틴

리우청

이민호

알렉스

아만다

발음

1. 모음[1]
2. 자음[1]
3. 모음[2]
4. 자음[2]
5. 받침
6. 겹받침
7. 연음
8. 인사말

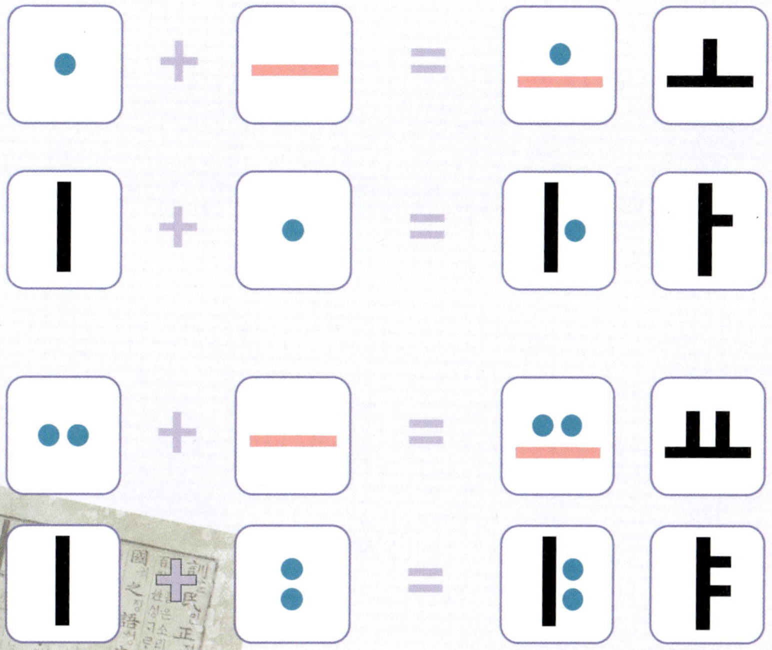

1. 모음[1]

모음	음가	쓰는 순서	쓰기		글자
ㅏ	[a]				아
ㅑ	[ya]				야
ㅓ	[ə]				어
ㅕ	[yə]				여
ㅗ	[o]				오
ㅛ	[yo]				요
ㅜ	[u]				우
ㅠ	[yu]				유
ㅡ	[ɨ]				으
ㅣ	[i]				이

1 듣고 따라해 봅시다. 발음 1

1) ㅏ 2) ㅑ 3) ㅓ 4) ㅕ 5) ㅗ

6) ㅛ 7) ㅜ 8) ㅠ 9) ㅡ 10) ㅣ

2 써 봅시다.

아	아					
야	야					
어	어					
여	여					
오	오					
요	요					
우	우					
유	유					
으	으					
이	이					

3 읽어 봅시다.

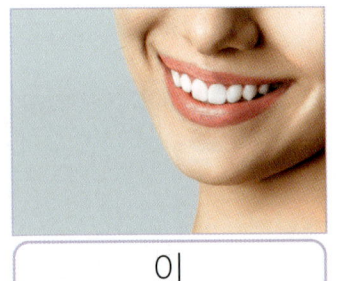
이

오

오이

우유

아이

여우

4 듣고 맞는 것을 고르십시오. 발음 2

1) ① 아 ② 어   2) ① 어 ② 오   3) ① 오 ② 우

4) ① 으 ② 이   5) ① 야 ② 여   6) ① 요 ② 유

7) ① 아이 ② 오이   8) ① 야유 ② 여유

9) ① 우유 ② 오요   10) ① 이요 ② 이유

5 써 봅시다.

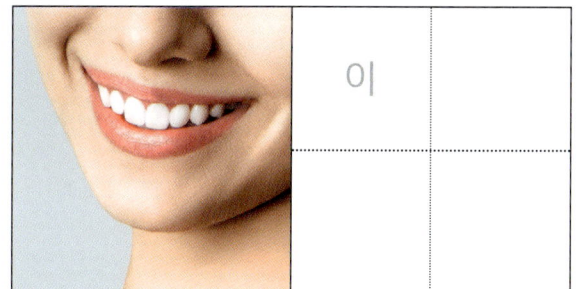

| | 이 | |
| | 오 | |

| | 오이 | |

| | 아이 | |

| | 우유 | |
| | 여우 | |

2. 자음

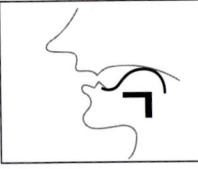 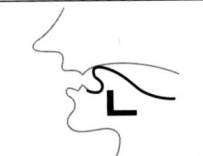 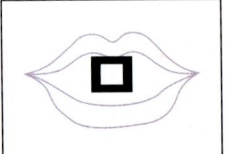 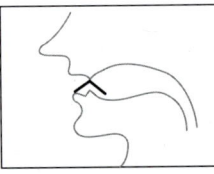 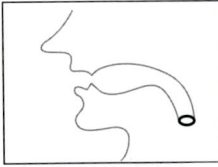

자음	이름	음가	쓰는 순서	쓰기
ㄱ	기역	[g, k]	ㄱ	
ㄴ	니은	[n]	ㄴ	
ㄷ	디귿	[d, t]	ㄷ	
ㄹ	리을	[r, l]	ㄹ	
ㅁ	미음	[m]	ㅁ	
ㅂ	비읍	[b, p]	ㅂ	
ㅅ	시옷	[s, sh]	ㅅ	
ㅇ	이응	[ŋ]	ㅇ	
ㅈ	지읒	[dz, ts]	ㅈ	
ㅊ	치읓	[ts^h]	ㅊ	
ㅋ	키읔	[k^h]	ㅋ	
ㅌ	티읕	[t^h]	ㅌ	
ㅍ	피읖	[p^h]	ㅍ	
ㅎ	히읗	[h]	ㅎ	

1 써 봅시다.

모음 자음	ㅏ	ㅑ	ㅓ	ㅕ	ㅗ	ㅛ	ㅜ	ㅠ	ㅡ	ㅣ
ㄱ	가	갸	거	겨	고	교	구	규	그	기
ㄴ	나									
ㄷ	다									
ㄹ	라									
ㅁ	마									
ㅂ	바									
ㅅ	사									
ㅇ	아									
ㅈ	자									
ㅊ	차									
ㅋ	카									
ㅌ	타									
ㅍ	파									
ㅎ	하									

2 듣고 따라해 봅시다. 발음 3

3 듣고 맞는 것을 연결하십시오.

1) •   ㉠ 모자

2) •   ㉡ 포도

3) •   ㉢ 커피

4) •   ㉣ 소파

5) •   ㉤ 기차

6) •   ㉥ 주스

4 듣고 써 봅시다.

1)   2)   3)   4)

5)   6)   7)   8)

9)   10)   11)   12)

5 읽어 봅시다.

1) 가구   고추   기타   거리

2) 나무   나이   누가   누나

3) 두부   다리미   도자기   드라마

4) 로마   라오스   라디오   러시아

5) 무   모자   미리   미소

6) 바다   부모   비자   바나나

7) 사이   소리   시차   스키

8) 어디   요가   우리   아프리카

9) 자리   주사   자유   주머니

10) 초   차이   추리   치즈

11) 카드   커피   쿠키   코코아

12) 타자   투수   토마토   트로트

13) 표   파마   포도   피자

14) 하나   하루   호두   후추

6 써 봅시다.

	가	수				구	두	

	나	무				바	나	나

	버	스				아	기	

	요	리	사			기	차	

	모	자				바	지	

	주	스				지	도	

	치	마				커	피	

	토	마	토			피	자	

	포	도				휴	지	

3. 모음²

모음	음가	쓰는 순서	글자 쓰기		
ㅐ	[æ]	ㅐ	ㅐ	애	
ㅒ	[yæ]	ㅒ	ㅒ	얘	
ㅔ	[e]	ㅔ	ㅔ	에	
ㅖ	[ye]	ㅖ	ㅖ	예	
ㅘ	[wa]	ㅘ	ㅘ	와	
ㅙ	[wæ]	ㅙ	ㅙ	왜	
ㅚ	[we(œ)]	ㅚ	ㅚ	외	
ㅝ	[wə]	ㅝ	ㅝ	워	
ㅞ	[we]	ㅞ	ㅞ	웨	
ㅟ	[wi]	ㅟ	ㅟ	위	
ㅢ	[ii]	ㅢ	ㅢ	의	

1 듣고 따라해 봅시다. 🔊 발음 6

1) 애   2) 얘   3) 에   4) 예
5) 와   6) 왜   7) 외   8) 워
9) 웨   10) 위   11) 의

2 듣고 따라해 봅시다. 발음7

3 읽어 봅시다.

1) 지우개   취소   유쾌   의지

2) 베개   교회   네모   모레

3) 사회   돼지   얘기   교과서

4) 세계   타워   궤도   예보

5) 소화   쇄도   과제   대구

6) 뒤   새해   위도   웨이터

7) 제주도   예매   샤워   채소

8) 노래   되다   의무   사귀다

9) 회사   의류   쉬다   화해

10) 외모   무게   예고   미래

4 써 봅시다.

	새				베개	
	지우개				케이크	
	얘기				사과	
	시계				화가	
	돼지				추워요	
	외투				스웨터	
	귀				의자	
	뒤				의사	

4.자음²

자음	음가	쓰는 순서	쓰기	
ㄲ	[k']	ㄲ		
ㄸ	[t']	ㄸ		
ㅃ	[p']	ㅃ		
ㅆ	[s']	ㅆ		
ㅉ	[ts']	ㅉ		

1 듣고 따라해 봅시다. 🎧 발음 8

1) ㄲ
토끼

2) ㄸ
머리띠

3) ㅃ
오빠

4) ㅆ
쓰레기

5) ㅉ
찌개

2 읽어 봅시다.

1) 어깨   꼬마   코끼리
2) 허리띠   뜨다   뛰다
3) 뽀뽀   아빠   예쁘다
4) 씨   싸다   쓰다
5) 짜다   찌다   쪼개다

3 듣고 맞는 단어에 O표를 하십시오. 발음 9

	A	B	C
1)	가	카	까
2)	다	타	따
3)	바	파	빠
4)	사		싸
5)	자	차	짜

	A	B	C
6)	거리	고리	꼬리
7)	타다		따다
8)	보리	부리	뿌리
9)	보도	포도	
10)	자다	차다	짜다

5. 받침

한 글

받침	음가	단어 예		
ㄱ, ㅋ	ㄱ [k]	책[책]	부엌[부억]	
ㄴ	ㄴ [n]	산[산]	수건[수건]	
ㄷ, ㅅ, ㅈ, ㅊ, ㅌ, ㅎ	ㄷ [t]	곧[곧]	빗[빋]	낮[낟]
		꽃[꼳]	끝[끋]	히읗[히읃]
ㄹ	ㄹ [l]	물[물]	별[별]	
ㅁ	ㅁ [m]	봄[봄]	잠[잠]	
ㅂ, ㅍ	ㅂ [p]	입[입]	숲[숩]	
ㅇ	ㅇ [ŋ]	강[강]	창[창]	

1 듣고 따라해 봅시다. 🔊 발음 10

1) [k]　책　치약　태극기　부엌

2) [n]　눈　산　편지　자전거

3) [t]　옷　꽃　숟가락　히읗

4) [l]　달력　연필　이불　빨래

5) [m]　봄　바람　침대　아이스크림

6) [p]　집　잎　지갑　커피숍

7) [ŋ]　안경　비행기　미용사　냉장고

2 읽어 봅시다.

1) 약   색   목   키읃

2) 손   편지   우산   사전

3) 끝   디귿   햇빛   꽃밭

4) 말   휴일   얼굴   쌀

5) 몸   감기   음식   사람

6) 입   밥   컵   옆

7) 농구   가방   수영   운동장

3 듣고 따라해 봅시다. 발음 11

1) 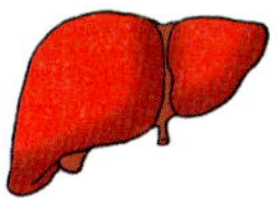 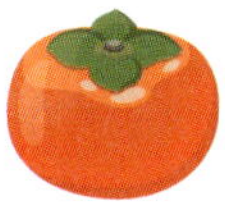 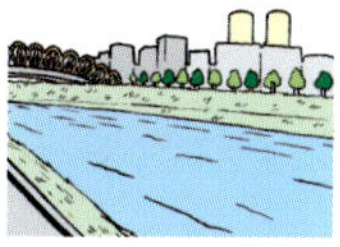

간 감 강

2) 10,000 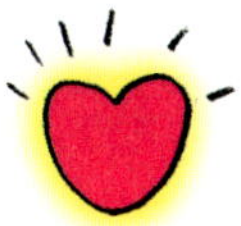 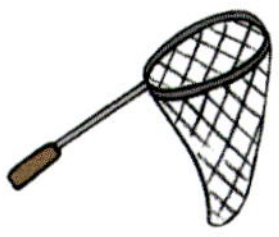

만 맘 망

3) 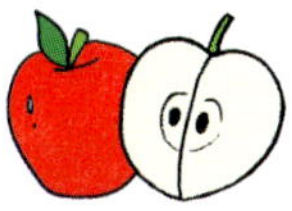 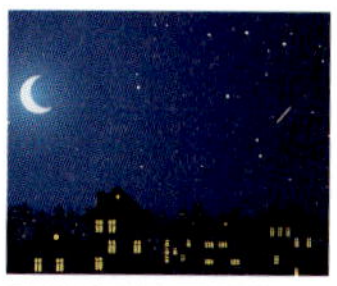 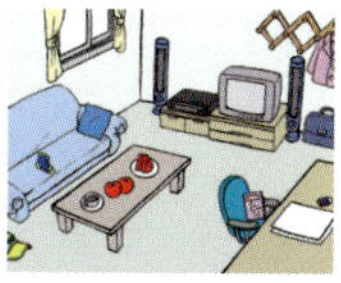

반 밤 방

4) 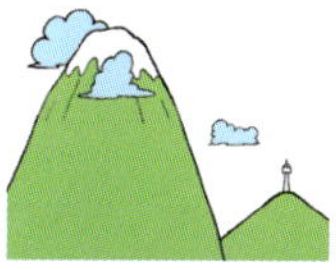 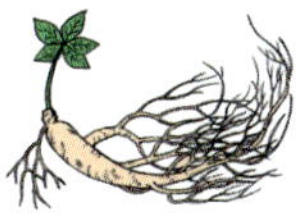 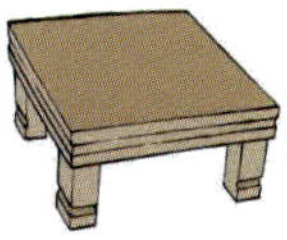

산 삼 상

5) 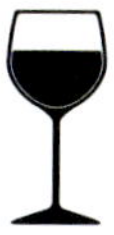 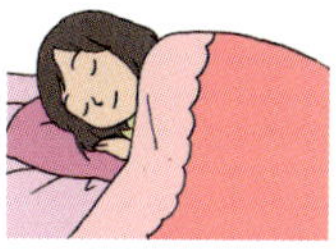 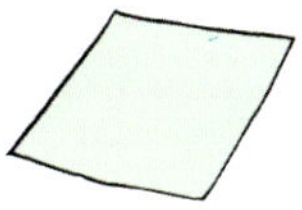

(한) 잔 잠 장

6) 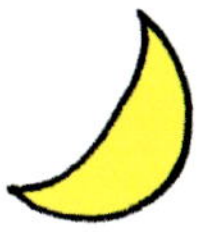 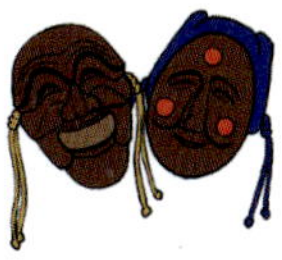 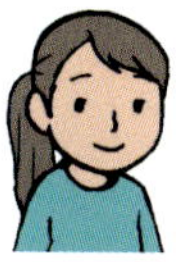

달 탈 딸

7) 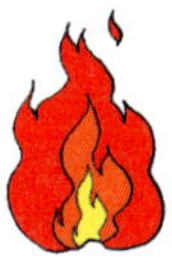 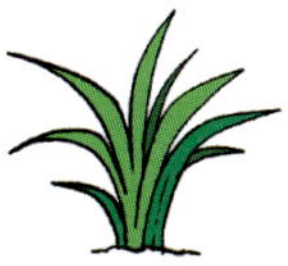 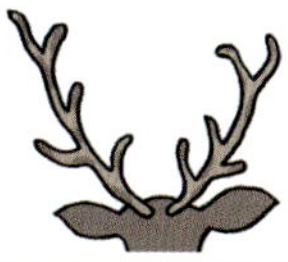

불 풀 뿔

8) 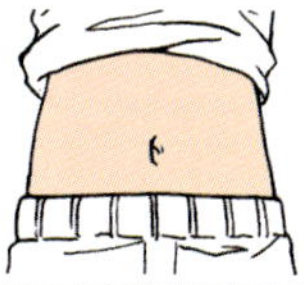 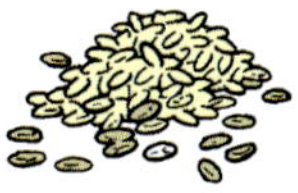

살 쌀

4 써 봅시다.

1) ㄱ, ㅋ

	책		
	책		
	학교		
	학교		

	기숙사		
	기숙사		
	부엌		
	부엌		

2) ㄴ

	돈		
	우산		

	도서관		
	회사원		

3) ㄷ, ㅅ, ㅈ, ㅊ, ㅌ, ㅎ

	옷		
	꽃		

	디귿		
	숟가락		

4) ㄹ

	교실		
	연필		

	볼펜		
	텔레비전		

5) ㅁ

	김치		
	이름		

	컴퓨터		
	사람		

6) ㅂ, ㅍ

	컵		
	집		

	지갑		
	커피숍		

7) ㅇ

	양말		
	창문		

	필통		
	선생님		

5 자음 이름을 써 봅시다.

자음 이름					
ㄱ	기	역			
ㄴ	니	은			
ㄷ	디	귿			
ㄹ	리	을			
ㅁ	미	음			
ㅂ	비	읍			
ㅅ	시	옷			
ㅇ	이	응			
ㅈ	지	읒			
ㅊ	치	읓			
ㅋ	키	읔			
ㅌ	티	읕			
ㅍ	피	읖			
ㅎ	히	읗			

6. 겹받침

음가	겹받침	단어 예	
ㄱ [k]	ㄲ	밖[박] 닦다[닥따]	닦아[다까]
	ㄳ	삯[삭] 넋[넉] 몫[목]	
	ㄺ	닭[닥] 읽다[익따]	읽어[일거]
ㄴ [n]	ㄵ	앉다[안따]	앉아[안자]
	ㄶ	많다[만타]	많아[마나]
ㄷ [t]	ㅆ	있다[읻따]	있어[이써]
ㄹ [l]	ㄼ	여덟[여덜] 넓다[널따] * 밟다[밥따]	넓어[널버] 밟아[발바]
	ㄽ	곬[골]	
	ㄾ	핥다[할따]	핥아[할타]
	ㅀ	잃다[일타]	잃어[이러]
ㅁ [m]	ㄻ	삶[삼] 닮다[담따]	닮아[달마]
ㅂ [p]	ㄿ	읊다[읍따]	읊어[을퍼]
	ㅄ	값[갑] 없다[업따]	없어[업써]

1 읽어 봅시다.

1) 밖   삵   닭   읽다

2) 앉다   많다   있다   맛있

3) 여덟   외곬   잃다   핥다

4) 삶   닮다   읊다   값

2 써 봅시다.

	닦다					
	읽다					
	많다					
	앉다					
	맛있다					
	맛없다					
	넓다					
	밟다					
	삶다					

7. 한글 읽기

음악 [으막]   직업 [지겁]

단어	발음	단어	발음
지갑이	[지가비]	목요일	[모교일]
돈이	[도니]	밖에	[바께]
앉아요	[안자요]	밑에	[미테]
읽으세요	[일그세요]	꽃이	[꼬치]
옆에	[여페]	무엇이	[무어시]
앞에	[아페]	학원	[하권]

1 읽어 봅시다.

1) 옷을 입어요.

2) 손을 씻어요.

3) 구두를 닦아요.

4) 앞으로 가요.

5) 꽃을 사요.

8. 인사말

안	녕	하	세	요	?

안	녕	히		계	세	요	.

안	녕	히		가	세	요	.

| 또 | | 만 | 나 | 요 | . |

| 잘 | | 먹 | 겠 | 습 | 니 | 다 | . |

| 잘 | | 먹 | 었 | 습 | 니 | 다 | . |

죄	송	합	니	다	.

미	안	해	요	.	

축	하	합	니	다	.

감	사	합	니	다	.

고	마	워	요	.	

1과 자기소개

안녕하십니까?

학습 목표
1. 자기소개를 할 수 있다.
2. 직업을 말할 수 있다.

어휘
1. 국적 어휘
2. 직업 어휘

문법과 표현
1. -입니까?/입니다
2. -이/가 아닙니다
3. -은/는[1]

1과 자기소개

어휘

1. 쓰고 읽어 봅시다.

1) 수아 (한국 사람)
2) 유토 ( )
3) 히엔 ( )
4) 저스틴 ( )
5) 소피아 ( )
6) 리우청 ( )

2. 직업 어휘입니다. 그림에 맞게 연결해 봅시다.

학생　　선생님　　요리사　　가수

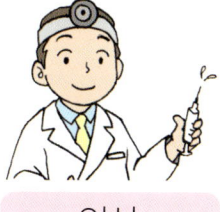   

의사　　경찰관　　화가　　영화배우

1)

2)

3)

4)

- 선생님
- 학생
- 가수
- 의사
- 경찰관
- 요리사
- 영화배우
- 화가

문법과 표현1   [명]입니까?   [명]입니다

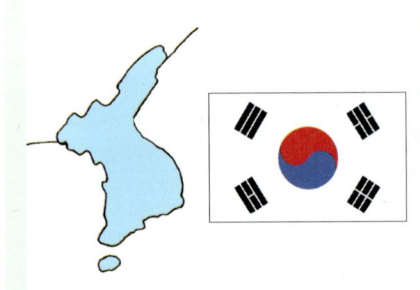

A: 한국**입니까**?

B: 네, 한국**입니다**.

[명]	-입니까?	[명]	-입니다
학생	학생입니까?	학생	학생입니다
사과	사과입니까?	사과	사과입니다

연습1 그림을 보고 이야기해 봅시다.

1)  일본 사람

2)  중국 사람

3)  케냐 사람

4)  베트남 사람

5)  한국 사람

6)  미국 사람

일본 사람**입니까**?

네, 일본 사람**입니다**.

아니요, 중국 사람**입니다**.

연습2 질문에 대답해 봅시다.

1)

2)

3)

문법과 표현 2 [명]이/가 아닙니다

A: 학생입니까?

B: 아니요, 학생**이 아닙니다.**

[명]	−이 아닙니다	[명]	−가 아닙니다
집	집이 아닙니다	구두	구두가 아닙니다
안경	안경이 아닙니다	학교	학교가 아닙니다

연습1 그림을 보고 이야기해 봅시다.

1)
요리사 X

2)
학생 X

3)
한국 사람 X

4)
가수 X

5)
선생님 X

6)
베트남 사람 X

요리사입니까?

아니요, 요리사**가 아닙니다.**

연습2 다음과 같이 이야기해 봅시다.

A: 사과입니까?

B: 아니요, 사과가 아닙니다. 바나나입니다.

사과 X / 바나나 O

1)

커피 X / 우유 O

2)

가방 X / 안경 O

3)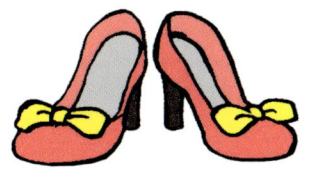

모자 X / 구두 O

4)

중국 X / 미얀마 O

5)

학교 X / 식당 O

6)

인도 X / 베트남 O

문법과 표현3   [명]은/는¹

A: 제 이름**은** 유토입니다.

B: 저**는** 아만다입니다.

[명]	-은	[명]	-는
직업	직업**은**	친구	친구**는**
저스틴	저스틴**은**	수아 씨	수아 씨**는**

연습1 다음과 같이 이야기해 봅시다.

1) 타냐 – 인도 사람
2) 리우청 – 중국 사람
3) 히엔 – 베트남 사람
4) 민호 – 한국 사람
5) 소피아 – 미국 사람
6) 유토 – 일본 사람

타냐**는** 어느 나라 사람입니까?

타냐**는** 인도 사람입니다.

연습2 다음과 같이 소개해 봅시다.

1)

이름: 마신핑
직업: 의사

친구 이름은 마신핑입니다.
마신핑은 의사입니다.

2)

이름: 알렌
직업: 선생님

3)
이름: 압둘
직업: 학생

4)

이름: 안나
직업: 요리사

5)

이름: 주디
직업: 화가

말하기

유 토: 안녕하십니까? 저는 유토입니다.

히 엔: 안녕하십니까? 저는 히엔입니다.

유 토: 만나서 반갑습니다. 히엔 씨는 중국 사람입니까?

히 엔: 아니요, 저는 중국 사람이 아닙니다.
베트남 사람입니다.

1. 대답해 봅시다.

   1) 남자 이름은 무엇입니까?

   2) 히엔 씨는 어느 나라 사람입니까?

2. 대화 내용을 바꿔서 이야기해 봅시다.

| 1) 히엔
중국 사람
베트남 사람 | 2) 저스틴
미국 사람
케냐 사람 | 3) 리우청
한국 사람
중국 사람 |

3. 인터뷰해 봅시다.

질문	친구1	친구2
1) 이름이 무엇입니까?		
2) 어느 나라 사람입니까?		
3) 직업이 무엇입니까?		

발음 확인

1. 안녕하십니까?　　[안녕하심니까]
2. 사람이　　　　　[사라미]
3. 반갑습니다　　　[반갑씀니다]

듣기

1. 누구입니까?

2. 듣고 질문에 답해 보십시오. 1-2

　1) 왕펑 씨는 어느 나라 사람입니까?

　2) 듣고 맞게 연결하십시오.

① 왕펑 •	• 선생님
② 어머니 •	• 경찰관
③ 아버지 •	• 요리사

듣고 말하기

1. 어느 나라입니까?

2. 듣고 질문에 답해 보십시오. 1-3

   1) 김민수 씨 직업은 무엇입니까?

   2) 듣고 맞으면 O, 틀리면 X표를 하십시오.
      ① 여자는 인도 사람입니다.   (O , X)
      ② 남자는 화가가 아닙니다.   (O , X)

3. 다음과 같이 말해 봅시다.

안녕하십니까? 제 이름은 김민정입니다.
저는 한국 사람입니다. 직업은 선생님입니다.

읽고 쓰기

1. 어디에서 왔습니까?

2. 읽고 질문에 답해 보십시오.

안녕하십니까?
제 이름은 제시카입니다. 저는 호주 사람입니다.
저는 호주 시드니에서 왔습니다.
직업은 미용사입니다. 만나서 반갑습니다.

1) 제시카 씨는 어디에서 왔습니까?

2) 읽고 맞으면 O, 틀리면 X표를 하십시오.

　① 제시카 씨는 호주 사람이 아닙니다. 　　　　　　　　　　　(O, X)

　② 제시카 씨는 미용사입니다. 　　　　　　　　　　　　　　(O, X)

3. 자기소개를 쓰고 이야기해 봅시다.

이름

고향

직업

A: 안녕하십니까?

A: 이름이 무엇입니까?

A: 어디에서 왔습니까?

A: 직업은 무엇입니까?

A: 만나서 반갑습니다.

B: 안녕하십니까?

B: _____ 입니다.

B: _____ 에서 왔습니다.

B: 직업은 _____ 입니다.

B: 만나서 반갑습니다.

과제 활동

1. 주사위를 던져서 나오는 그림을 보고 이야기해 봅시다.

무엇입니까?

어디입니까?   누구입니까?

_____ 입니다.

시작 (Start)

2. 인터뷰를 하고 친구를 소개해 봅시다.

질문	친구 ( )
1) 이름이 무엇입니까?	
2) 어느 나라 사람입니까?	
3) 어디에서 왔습니까?	
4) 직업이 무엇입니까?	

친구 이름은

1과 어휘 목록

- 가방
- 가수
- 경찰관
- 고향
- 구두
- 나라
- 남자
- 누구
- 모자
- 무엇
- 미국
- 미얀마
- 미용사
- 바나나
- 베이징
- 베트남
- 사과
- 사람
- 선생님
- 시드니
- 식당
- (수아) 씨
- 아버지
- 안경
- 어느
- 어디
- 어머니
- 영화배우
- 요리사
- 우유
- 우즈베키스탄
- 의사
- 이름
- 인도
- 일본
- 저(나)
- 제
- 중국
- 직업
- 집
- 친구
- 커피
- 케냐
- 학교
- 학생
- 한국
- 호주
- 화가

자기 평가

 1. 어느 나라 사람입니까?

 2. 한국 사람입니까?

 3. 직업은 무엇입니까?

문화 읽기

한국의 국기는 태극기로 중심에 태극무늬가 있습니다. 붉은색은 양, 푸른색은 음을 나타냅니다. 태극기의 사방에는 검은색의 4괘가 있습니다. '건', '곤', '감', '이'로 불리는데 각각 '하늘', '땅', '물', '불'을 상징합니다.

2과 교실

저건 아만다 씨의 책상이에요

학습 목표
1. 교실 물건을 말할 수 있다.
2. 누구의 물건인지 묻고 답할 수 있다.

어휘
1. 교실 물건 어휘
2. 학용품 어휘
3. 이것 / 그것 / 저것

문법과 표현
1. -이에요/예요
2. -이/가 아니에요
3. -의

2과 교실

어휘

1. 교실 물건 어휘입니다. 이야기해 봅시다.

1) 창문
2) 텔레비전
3) 시계
4) 달력
5) 칠판
6) 지도
7) 책상
8) 컴퓨터
9) 의자
10) 문

창문입니까?

네, 창문입니다.

2. 학용품 어휘입니다. 읽어 봅시다.

1) 연필 2) 지우개 3) 볼펜 4) 책
5) 공책 6) 필통 7) 가위 8) 자

3. 읽어 봅시다.

이것 / 그것 / 저것

문법과 표현1   [명]이에요/예요

A: 문**이에요**?

B: 네, 문**이에요**.

[명]	-이에요	[명]	-예요
집	집이에요	의사	의사예요
안경	안경이에요	바나나	바나나예요

연습1 그림을 보고 이야기해 봅시다.

1) 의자   2) 연필   3) 꽃   4) 사과
5) 시계   6) 우산   7) 자   8) 칠판

의자예요?   네, 의자예요.

연습2 다음과 같이 이야기해 봅시다.

A: 컴퓨터예요?
B: 아니요, 텔레비전이에요.

컴퓨터 X

1)

경찰관 X

2)

필통 X

3)

학교 X

연습3 다음과 같이 이야기해 봅시다.

이민호 / 한국 사람

A: 이름이 뭐예요?
B: 이민호예요.
A: 어느 나라 사람이에요?
B: 한국 사람이에요.

1)

리우청 / 중국 사람

2)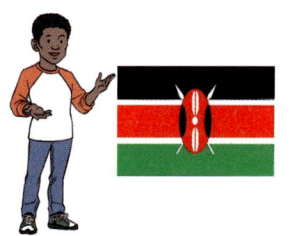

저스틴 / 케냐 사람

3)

소피아 / 미국 사람

문법과 표현2 [명]이/가 아니에요

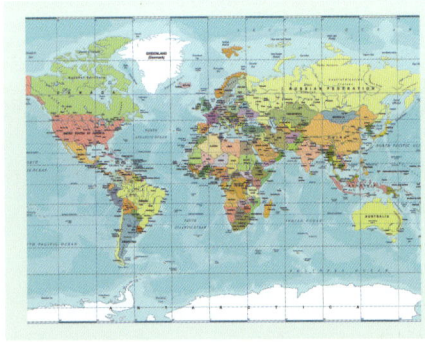

A: 창문**이에요**?

B: 아니요, 창문**이 아니에요**.

[명]	-이 아니에요	[명]	-가 아니에요
꽃	꽃이 아니에요	커피	커피가 아니에요
볼펜	볼펜이 아니에요	요리사	요리사가 아니에요

연습1 그림을 보고 이야기해 봅시다.

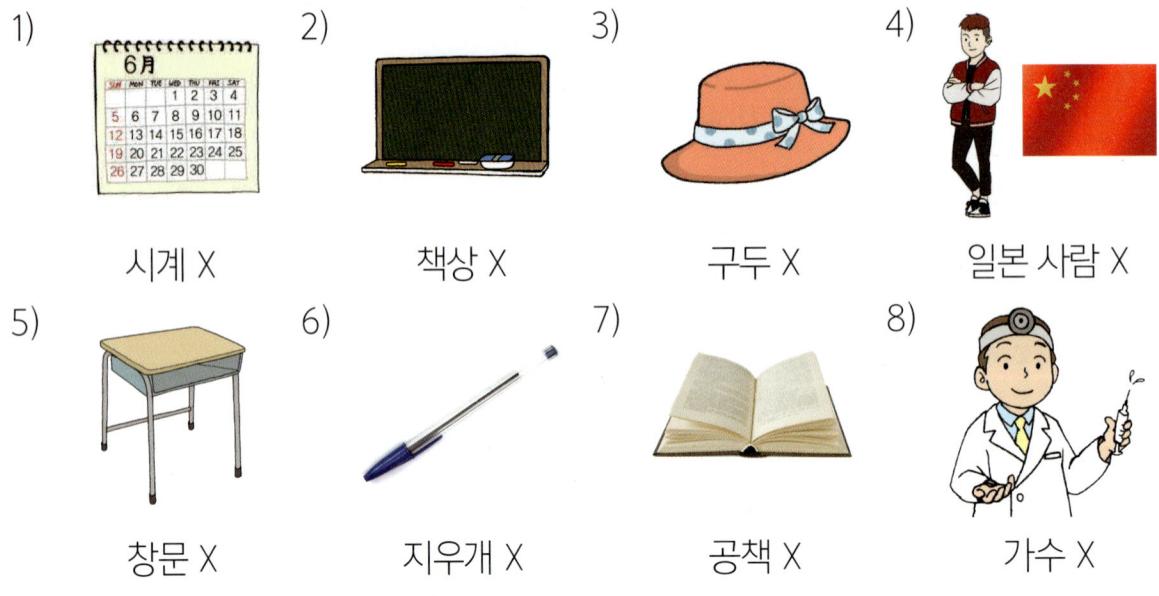

1) 시계 X
2) 책상 X
3) 구두 X
4) 일본 사람 X
5) 창문 X
6) 지우개 X
7) 공책 X
8) 가수 X

시계**예요**?

아니요, 시계**가 아니에요**.

연습2 다음과 같이 이야기해 봅시다.

볼펜 X

A: 볼펜이에요?

B: 아니요, 볼펜이 아니에요. 연필이에요.

1)
학교 X

2)
모자 X

3)
아이스크림 X

4)
영국 사람 X

5)
야구 선수 X

6)
요리사 X

문법과 표현3 [명]의

A: 누구**의** 컴퓨터예요?

B: 동생**의** 컴퓨터예요.

[명]	-의	[명]	-의
학생	학생**의**	친구	친구**의**
선생님	선생님**의**	어머니	어머니**의**

저의	➡	제
나의	➡	내
너의	➡	네
우리의	➡	우리

연습1 그림을 보고 이야기해 봅시다.

1) 아만다 2) 형 3) 선생님 4) 다니엘 5) 언니

 누구**의** 볼펜이에요?

 아만다 씨**의** 볼펜이에요.

연습2 다음과 같이 이야기해 봅시다.

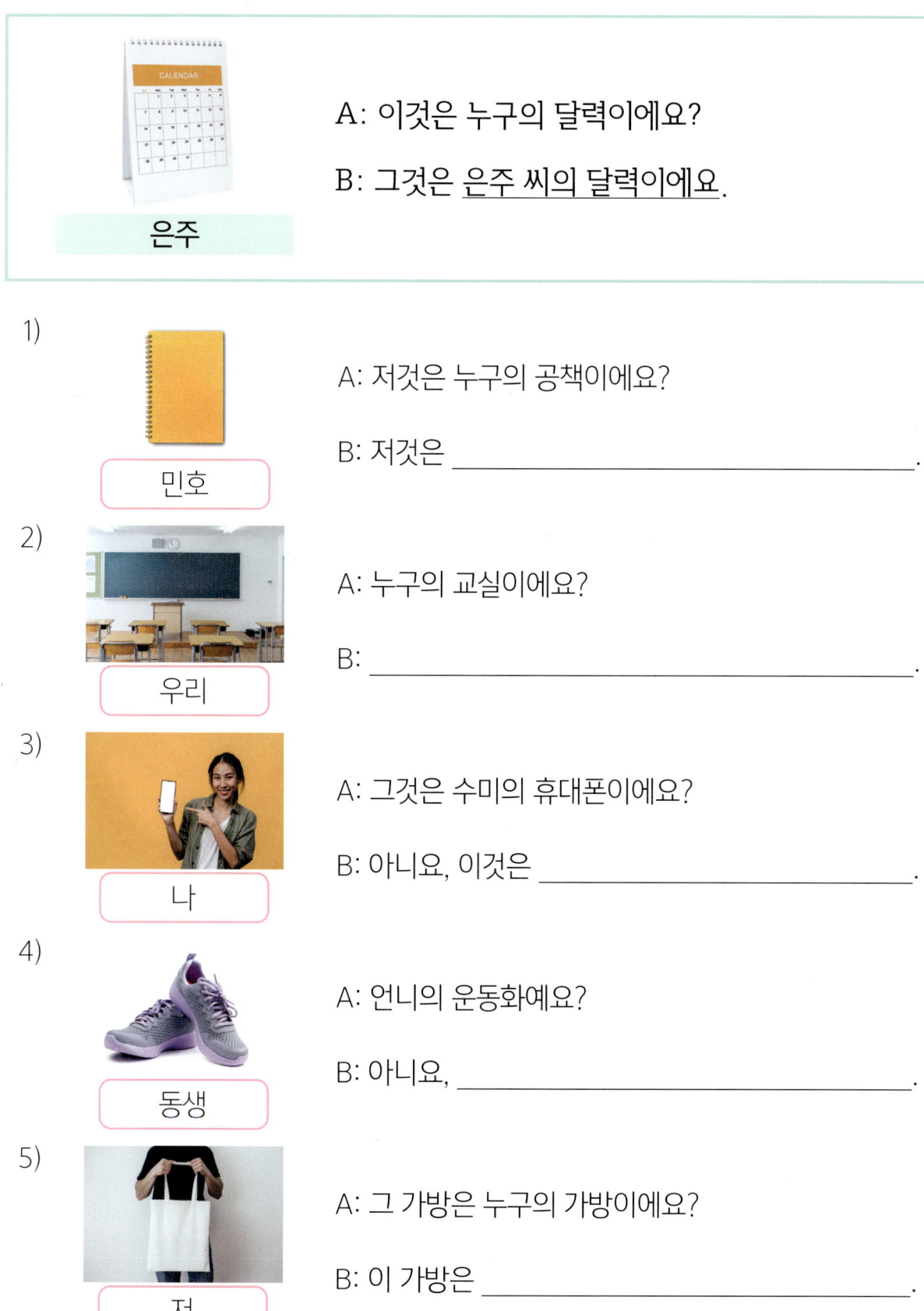

A: 이것은 누구의 달력이에요?
B: 그것은 <u>은주 씨의 달력이에요</u>.

1) 민호
A: 저것은 누구의 공책이에요?
B: 저것은 _____.

2) 우리
A: 누구의 교실이에요?
B: _____.

3) 나
A: 그것은 수미의 휴대폰이에요?
B: 아니요, 이것은 _____.

4) 동생
A: 언니의 운동화예요?
B: 아니요, _____.

5) 저
A: 그 가방은 누구의 가방이에요?
B: 이 가방은 _____.

말하기

🎧 2-1

알렉스: 이건 뭐예요?

소피아: 그건 제 지우개예요.

알렉스: 그건 연필이에요?

소피아: 아니요, 이건 연필이 아니에요. 볼펜이에요.

알렉스: 저건 누구의 책상이에요?

소피아: 저건 아만다 씨의 책상이에요.

※ 이것은=이건 / 그것은 = 그건 / 저것은=저건

1. 대답해 봅시다.

1) 알렉스의 지우개입니까?

2) 저것은 누구의 책상입니까?

2. 대화 내용을 바꿔서 이야기해 봅시다.

1) 연필 　연필 / 볼펜 　책상	2) 책 　책 / 공책 　가방	3) 가위 　가위 / 자 　우산

3. 78쪽의 그림을 보고 친구와 이야기해 봅시다.

1) 　2) 　3) 　4) 　5) 　6)

누구의 볼펜이에요?

그건 소피아 씨의 볼펜이에요.

발음 확인

1. 누구의　　　[누구에]
2. 볼펜이에요　[볼페니에요]
3. 책상이에요　[책쌍이에요]

듣기

1. 이것은 누구의 교과서입니까?

2. 듣고 질문에 답해 보십시오. 2-2

1) 듣고 맞게 연결하십시오.

① 저스틴 •

② 유토 •

듣고 말하기

1. 이건 무엇입니까?

2. 듣고 질문에 답해 보십시오. 2-3

1) 저것은 무엇입니까?
① 창문　　② 시계　　③ 칠판　　④ 지도

2) 듣고 맞는 그림을 고르십시오.

①  ②

3. 다음과 같이 이야기해 봅시다.

A: 이건 뭐예요?
B: 그건 연필 예요 /(이에요).

A: 그건 지도 (예요)/ 이에요 ?
B: 아니요, 이건 지도 (이/가) 아니에요.
　　지갑 예요 /(이에요).

읽고 말하기

1. 여기는 어디입니까?

2. 앨리스 씨의 이야기입니다. 읽고 질문에 답해 보십시오.

> 여기는 우리 교실이에요. 우리 반은 3반이에요. 이것은 제 책상이 아니에요. 다니엘 씨의 책상이에요. 저것은 제 친구 히엔의 책상이에요. 그리고 저것은 히엔의 노트북이에요.

1) 여기는 3반 교실입니까?

2) 읽고 맞으면 O, 틀리면 X표를 하십시오.

　① 저것은 선생님의 책상입니다. 　　　　　　　　　　(O, X)
　② 저것은 히엔의 노트북입니다. 　　　　　　　　　　(O, X)
　③ 히엔은 앨리스의 친구입니다. 　　　　　　　　　　(O, X)

3. 다음 문장을 읽어 봅시다.

1) 여기는 우리  이에요 / 예요 .

2) 이것은 저스틴 씨의  이 / 가   아니에요. 제  이에요 / 예요 .

3) 이것은 제  이에요 / 예요 .

4) 이것은 제 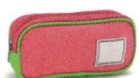 이 / 가   아니에요. 저스틴 씨의  이에요 / 예요 .

5) 저것은 선생님의  이에요 / 예요 .

6) 그리고 저  은 선생님의  이에요 / 예요 .

과제 활동

1. 그림을 보고 질문에 대답해 봅시다.

질문	대답
1) 창문이에요?	
2) 컴퓨터예요?	
3) 칠판이에요?	
4) 학생이에요?	
5) 문이에요?	
6) 지우개예요?	
7) 선생님이에요?	
8) 시계예요?	

2. 친구들의 물건을 책상 위에 놓고 누구의 물건인지 이야기해 봅시다.

누구의 볼펜이에요?

제 볼펜이에요.

다니엘 씨의 노트북이에요?

아니요, 저스틴 씨의 노트북이에요.

2과 어휘 목록

- 3(삼)
- 가위
- 공책
- 교과서
- 그것(그)
- 그리고
- 꽃
- 나
- 너
- 노트북
- 달력
- 동생
- 몇
- 문
- 반(class)
- 볼펜
- 시계
- 아이스크림
- 야구 선수
- 언니
- 여기
- 연필
- 영국
- 우리
- 우산
- 운동화
- 의자
- 이것(이)
- 자
- 저것(저)
- 지갑
- 지도
- 지우개
- 창문
- 책상
- 칠판
- 컴퓨터
- 텔레비전
- 필통
- 형
- 휴대폰

자기 평가

1. 선생님이에요?
2. 이것은 시계예요?
3. 누구의 필통이에요?

문화 읽기

손가락으로 사람을 가리키면 안 돼요.

친구나 어른과 이야기를 나눌 때 종종 손짓을 하는 경우가 있습니다. 물건이나 동물을 가리킬 때는 검지 손가락을 사용해도 되지만 손가락으로 사람을 가리키는 것은 안 됩니다. 반드시 상대편을 가리켜야 한다면 손바닥이 보이도록 한 뒤 두 손으로 공손히 가리켜야 합니다.

3과 방

방에 무엇이 있어요?

학습 목표
1. 존재 유무를 말할 수 있다.
2. 위치를 표현할 수 있다.

어휘
1. 물건 어휘
2. 위치 어휘

문법과 표현
1. -이/가 있다
   -이/가 없다
2. -에¹
3. -도

3과 방

어휘

1. 여기는 방입니다. 그림을 보고 이야기해 봅시다.

1) 소파
2) 옷장
3) 냉장고
4) 책장
5) 에어컨
6) 베개
7) 이불
8) 침대

뭐예요?

소파예요.

2. 위치 표현입니다. 읽어 봅시다.

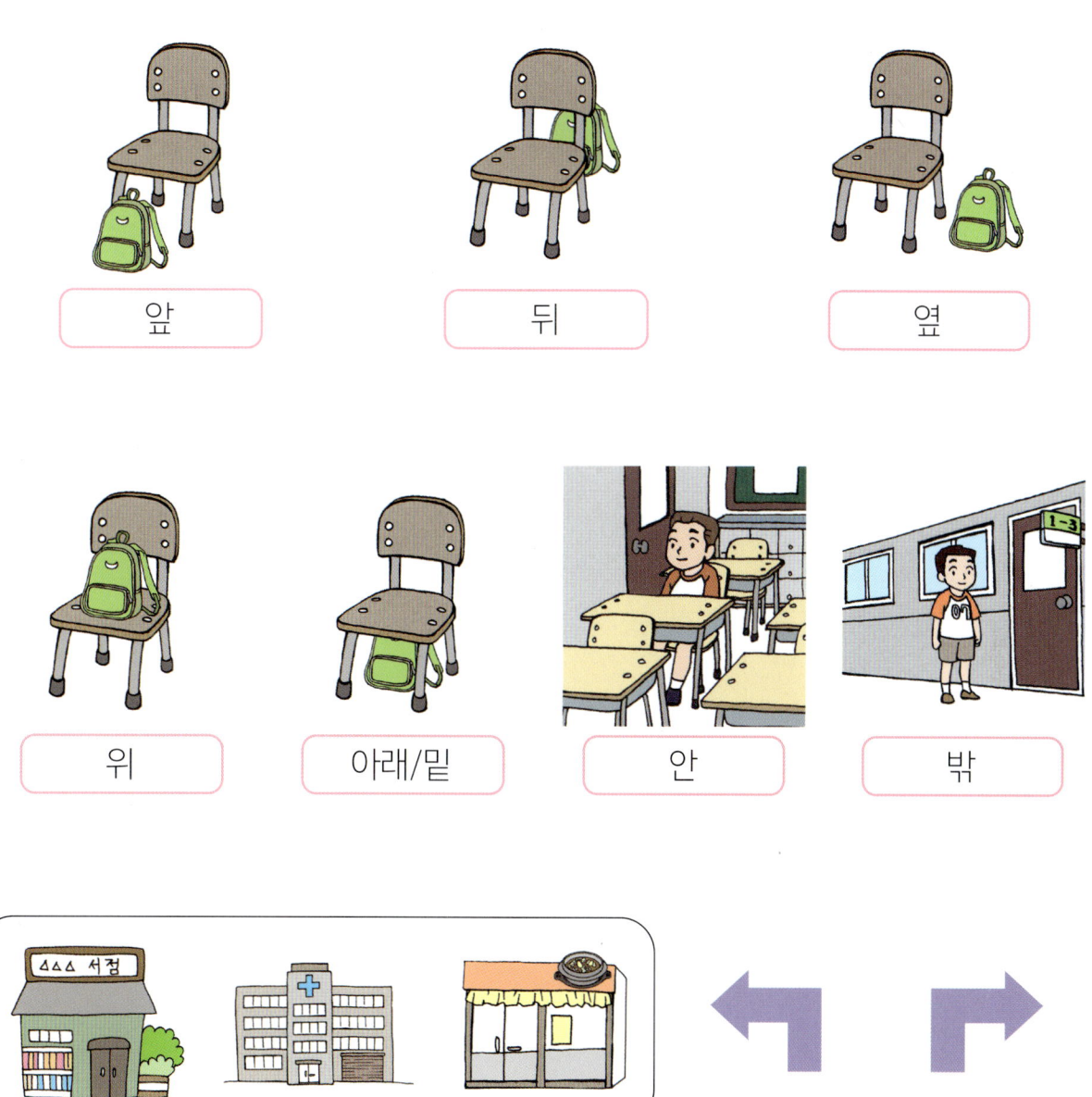

문법과 표현 1 [명]이/가 있다   [명]이/가 없다

A: 옷장**이 있어요**?

B: 네, 옷장**이 있어요**.

[명]	-이/가 있어요	[명]	-이/가 없어요
가방	가방이 있어요	가방	가방이 없어요
언니	언니가 있어요	언니	언니가 없어요

연습1 그림을 보고 이야기해 봅시다.

1)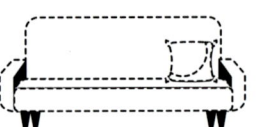
소파 X

2)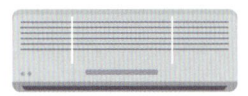
에어컨 O

3)
책 O

4)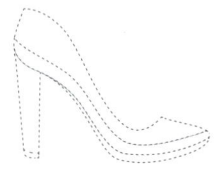
구두 X

5)
냉장고 O

6)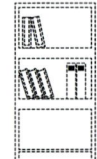
책장 X

소파가 있어요?

아니요, 소파**가 없어요**.

연습2 다음과 같이 이야기해 봅시다.

A: 소파가 있어요?

B: 네, 소파가 있어요.

A: 에어컨이 있어요?

B: 아니요, 에어컨이 없어요.

1) 소파	O
2) 에어컨	X
3) 옷장	
4) 침대	

5) 가방	
6) 이불	
7) 창문	
8) 냉장고	

9) 베개	
10) 책장	
11) 컴퓨터	
12) 우산	

문법과 표현2 [명]에¹

A: 방에 침대가 있어요?

B: 네, 방에 침대가 있어요.

[명]	-에	[명]	-에
교실	교실에	학교	학교에
책상	책상에	소파	소파에

📎 방에 침대가 있어요. = 침대가 방에 있어요.

연습1 그림을 보고 이야기해 봅시다.

1)

텔레비전 O / 에어컨 X

2)

시계 O / 냉장고 X

3)

비빔밥 O / 불고기 X

4)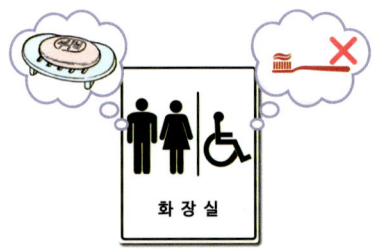

비누 O / 칫솔 X

집에 텔레비전이 있어요?

집에 에어컨이 있어요?

네, 집에 텔레비전이 있어요.

아니요, 집에 에어컨이 없어요.

연습2 그림을 보고 이야기해 봅시다.

1) 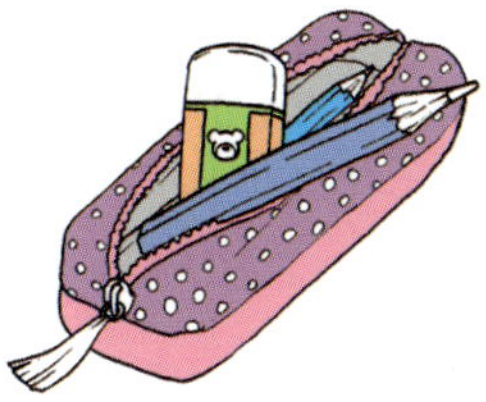 지우개 / 필통 안
2)  신문 / 침대 위
3)  칠판 / 선생님 뒤
4)  가방 / 의자 오른쪽
5)  의자 / 책상 앞
6)  남동생 / 오빠와 언니 사이
7) 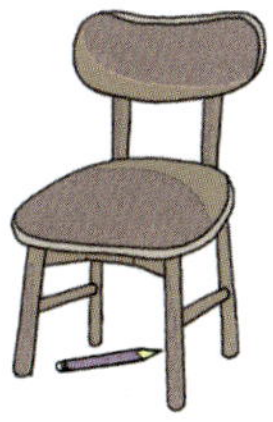 연필 / 의자 밑
8)  가위 / 지우개 옆
9)  달력 / 컴퓨터 왼쪽
10)  학생 / 교실 밖

지우개가 어디에 있어요?

필통 안에 있어요.

문법과 표현3 [명]도

A: 침대 위에 뭐가 있어요?

B: 이불이 있어요. 베개도 있어요.

[명]	-도	[명]	-도
꽃	꽃도	사과	사과도
연필	연필도	지우개	지우개도

연습1 다음과 같이 말해 봅시다.

1)
책장 - 소파

2)
오빠 - 언니

3)
연필 - 지우개

4)
케냐사람 - 한국사람

5)
책 - 커피

6)
편의점 - 커피숍

책장이 있어요. 소파도 있어요.

연습2 다음과 같이 쓰고 이야기해 봅시다.

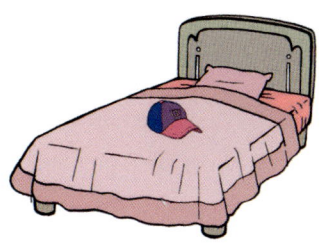

A: 침대 위에 뭐가 있어요?
B: 베개가 있어요. 모자도 있어요.

1)

A: 가방에 무엇이 있어요?
B: 필통이 있어요. _____.

2)

A: 교실에 누가 있어요?
B: 저스틴이 있어요. _____.

3)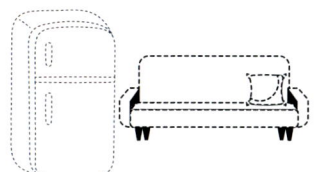

A: 방에 뭐가 없어요?
B: 냉장고가 없어요. _____.

4)

A: 냉장고 안에 무엇이 있어요?
B: _____. _____.

5)

A: 누가 한국 사람이에요?
B: _____. _____.

말하기

유 토: 방에 소파가 있어요?
히 엔: 아니요, 소파가 없어요.
유 토: 그럼, 방에 무엇이 있어요?
히 엔: 방에 침대가 있어요.
유 토: 옷장도 있어요?
히 엔: 네, 옷장이 침대 옆에 있어요.

1. 대답해 봅시다.

1) 방에 무엇이 없어요?

2) 옷장이 어디에 있어요?

2. 대화 내용을 바꿔서 이야기해 봅시다.

| 1) 침대
옷장
침대 옆 | 2) 책장
에어컨
책장 앞 | 3) 책상
노트북
책상 위 |

3. 친구와 이야기해 봅시다.

질문	나	친구 ( )
1) 방에 침대가 있어요?		
2) 방에 소파가 있어요?		
3) 방에 에어컨이 있어요?		
4) 방에 책장이 있어요?		
5) 방에 냉장고가 있어요?		

발음 확인

1. 있어요   [이써요]
2. 없어요   [업써요]
3. 옷장도   [옫짱도]
4. 옆에   [여페]

듣기

1. 동생이 있어요?

2. 듣고 질문에 답해 보십시오.

   1) 남동생이 있어요?

   2) 다음을 듣고 맞는 그림을 고르십시오.

   ①    ②

   ③   ④

듣고 쓰기

1. 기숙사에 편의점이 있어요?

2. 듣고 질문에 답해 보십시오.

   1) 편의점이 어디에 있어요?

2) 잘 듣고 맞으면 O, 틀리면 X표 하십시오.

① 기숙사에 식당이 있어요.　　　　　　　　　　(O , X)
② 기숙사에 커피숍이 없어요.　　　　　　　　　(O , X)
③ 식당이 편의점 위에 있어요.　　　　　　　　　(O , X)
④ 커피숍이 식당 옆에 있어요.　　　　　　　　　(O , X)

3. 질문에 맞는 답을 써 봅시다.

1) 남자 기숙사가 있어요?　_____.
2) 커피숍이 있어요?　　　_____.
3) 편의점이 어디에 있어요?　_____.
4) 사 층에 무엇이 있어요?　_____.
5) 사무실이 몇 층에 있어요?　_____.
6) 몇 층에 식당이 있어요?　_____.

읽고 말하기

1. 기숙사 방에 무엇이 있어요?

2. 읽고 질문에 답해 보십시오.

여기는 제 방이에요. 방 오른쪽에 침대가 있어요. 침대 옆에 책상이 있어요. 책상 앞에 의자가 있어요. 책상 위에 컴퓨터가 있어요. 가방도 있어요. 가방 안에 책이 있어요. 지갑도 있어요.

1) 책상 옆에 뭐가 있어요?

2) 어디에 있어요? 맞게 연결하십시오.

① 컴퓨터 · · 책상 위

② 지갑 · · 책상 앞

③ 의자 · · 가방 안

④ 책상 · · 침대 왼쪽

3. 그림을 보고 이야기해 봅시다.

| 책 | 아이 | 고양이 |
| 시계 | 창문 | 컴퓨터 |

 방에 책이 있어요?

 네, 방에 책이 있어요.

 책이 어디에 있어요?

 책이 책상 위에 있어요.

과제 활동

1. 방에 무엇이 있어요? 써 봅시다.

여기는 민호의 방이에요.

2. 다음을 읽고 맞는 것을 고르십시오.

저는 스즈키 유리 (예요)/ 있어요 . 일본 사람 이에요 / 있어요 .

저는 학생 이에요 / 있어요 . 지금 한국에 예요 / 있어요 .

가족은 일본 도쿄에 예요 / 있어요 .

우리 가족은 할아버지, 할머니, 아버지, 어머니, 동생이 예요 / 있어요 .

우리 학교 이름은 글로벌대학교 예요 / 있어요 .

학교에 학생이 많이 예요 / 있어요 .

기숙사 방 친구도 일본 사람 이에요 / 있어요 .

친구의 이름은 나오미 예요 / 있어요 .

친구의 가족도 도쿄에 있어요.

3과 어휘 목록

- 1(일)
- 2(이)
- 4(사)
- 5(오)
- 가족
- 고양이
- 그럼
- 기숙사
- 남동생
- 냉장고
- 대학교
- 도쿄
- 뒤
- 많이
- 밑
- 밖
- 방
- 베개
- 불고기
- 비누
- 비빔밥
- 사무실
- 사이
- 사진
- 소파
- 신문
- 아래
- 아이
- 안
- 앞
- 없다
- 에어컨
- 옆
- 오른쪽
- 오빠
- 옷장
- 왼쪽
- 위
- 이불
- 있다
- 지금
- 책장
- 층
- 침대
- 칫솔
- 커피숍
- 편의점
- 할머니
- 할아버지
- 화장실

자기 평가

1. 방에 책상이 있어요?
2. 책상 위에 무엇이 있어요?
3. 방에 침대도 있어요?

문화 읽기

한국은 실내에서 신발을 벗어야 합니다.

여러분의 나라에서는 집에 들어갈 때 신발을 벗고 들어갑니까? 한국은 실내에서 신발을 벗고 생활하는 문화입니다. 그래서 집에 들어갈 때 신발을 벗고 들어갑니다. 종종 한국 가정집에 방문했을 때 신발을 신고 들어가려고 하는 외국인이 있는데, 한국 가정집에 방문했을 때에는 신발을 벗고 들어가야 합니다.

4과 일상생활

도서관이 조용해요

학습 목표
1. 일상생활을 말할 수 있다
2. 물건의 상태를 표현할 수 있다

어휘
1. 형용사[1]
2. 동사[1]

문법과 표현
1. -아요/어요[1]
2. -지 않다
3. -은/는[2]

* '으' 탈락

4과 일상생활

어휘

1. 형용사 어휘입니다. 쓰고 읽어 봅시다.

1)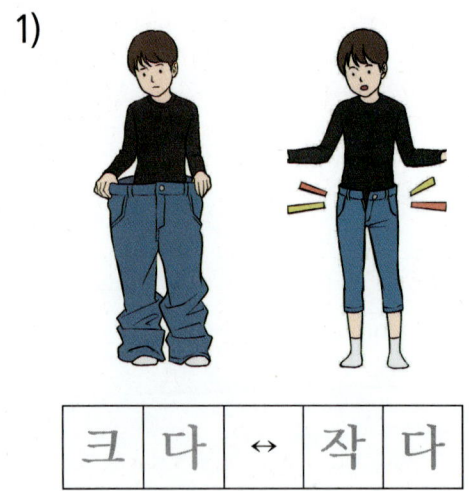

크다 ↔ 작다

2)

비싸다 ↔ 싸다

3)

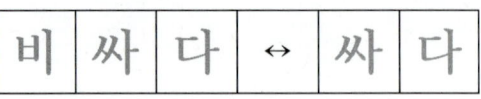

많다 ↔ 적다

4)

길다 ↔ 짧다

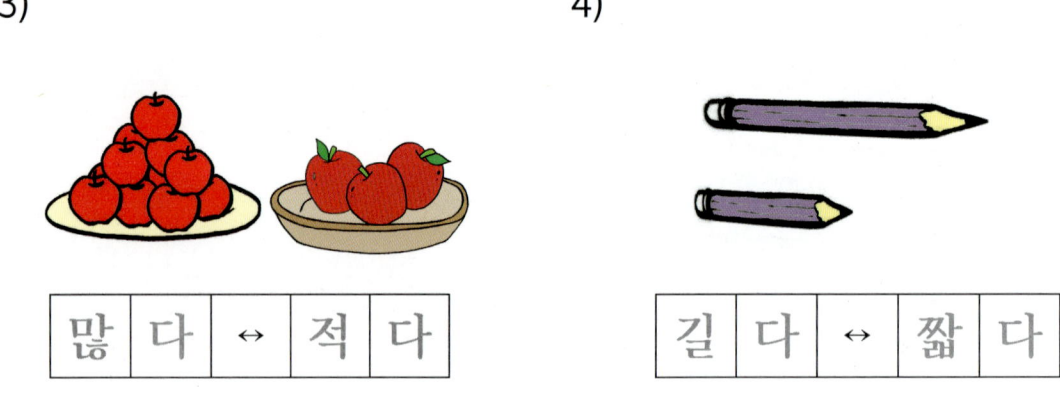

5)

넓다 ↔ 좁다

6)

재미있다 ↔ 재미없다

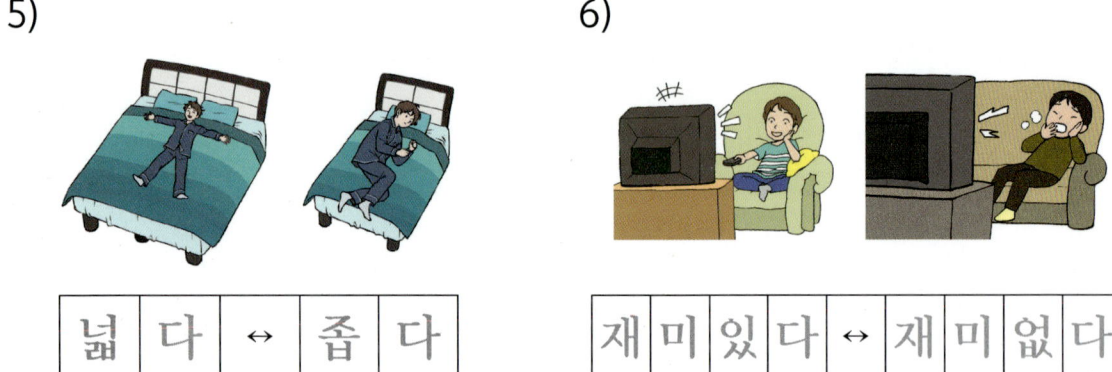

2. 형용사 어휘입니다. 그림을 보고 읽어 봅시다.

1) 좋다
2) 같다
3) 예쁘다
4) 맛있다
5) 깨끗하다
6) 조용하다

3. 동사 어휘입니다. 그림을 보고 읽어 봅시다.

1) 자다
2) 가다
3) 오다
4) 웃다
5) 쉬다
6) 인사하다

문법과 표현1   [동],[형]아요/어요[1]

A: 비**싸요**?

B: 네, 비**싸요**.

[동],[형]	-아요	[동],[형]	-어요	[동],[형]	-여요
자다	자요	웃다	웃어요	인사하다	인사해요
많다	많아요	재미있다	재미있어요	조용하다	조용해요

연습1 다음과 같이 이야기해 봅시다.

가다	웃다	인사하다
A: 가요? B: 네, 가요.	A: 웃어요? B: 네, 웃어요.	A: 인사해요? B: 네, 인사해요.

① 가다   ① 웃다   ① 인사하다

② 오다   ② 쉬다   ② 공부하다

③ 좋다   ③ 크다   ③ 조용하다

④ 바쁘다   ④ 예쁘다   ④ 깨끗하다

'으' 탈락

- 크다 + 어요 → 커요
- 바쁘다 + 아요 → 바빠요

연습2 다음과 같이 이야기해 봅시다.

A: 사과가 많아요?
B: 네, 사과가 많아요.

1) 의자 / 같다
2) 꽃 / 예쁘다
3) 책상 / 깨끗하다
4) 히엔 / 웃다

연습3 다음과 같이 이야기해 봅시다.

A: 옷이 커요?
B: 아니요, 옷이 작아요.

1) 공책
비싸다 - 싸다
2) 침대
넓다 - 좁다
3) 아이
울다 - 웃다
4) 비빔밥
맛있다 - 맛없다

문법과 표현 2 [동],[형]지 않다

A: 책상이 깨끗해요?

B: 아니요, 책상이 깨끗하**지 않아요.**

[동],[형]	-지 않아요	[동],[형]	-지 않아요
울다	울지 않아요	쉬다	쉬지 않아요
좁다	좁지 않아요	예쁘다	예쁘지 않아요

📎 [동],[형]지 않아요 = 안 [동],[형]아요/어요
- 가지 않아요. = 안 가요.

연습1 그림을 보고 이야기해 봅시다.

1)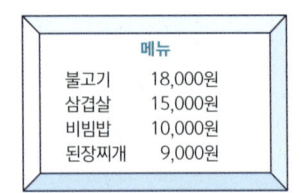
불고기 / 싸다

2)
수아 씨 / 바쁘다

3)
날씨 / 좋다

4)
가방 / 같다

5)
학생 / 적다

6)
교실 / 조용하다

불고기가 싸요?

아니요, 불고기가 싸**지 않아요.**

연습2 다음과 같이 쓰고 이야기해 봅시다.

A: 영화가 재미있어요?
B: 아니요, 영화가 <u>재미있지 않아요</u>.
　　<u>영화가 재미없어요</u>.

1)

A: 연필이 짧아요?
B: 아니요, 연필이 _____.
_____.

2)

A: 학교가 작아요?
B: 아니요, 학교가 _____.
_____.

3)

A: 유나 씨가 쉬어요?
B: 아니요, 유나 씨가 _____.
_____.

연습3 다음과 같이 이야기해 봅시다.

A: 교실이 좁아요?
B: 아니요, 안 좁아요.

1)
조던 / 자다

2)
모자 / 크다

3)
치마 / 길다

문법과 표현 3   [명]은/는²

리우청**은** 커요.

타냐**는** 작아요.

[명]	-은	[명]	-는
동생	동생**은**	언니	언니**는**
공책	공책**은**	지우개	지우개**는**

연습1 다음과 같이 말해 봅시다.

> 공책 / 많다
> 지우개 / 적다

공책**은** 많아요.
지우개**는** 적어요.

1) 텔레비전 / 크다
   컴퓨터 / 작다

2) 책상 / 있다
   소파 / 없다

3) 불고기 / 비싸다
   비빔밥 / 싸다

4) 오빠 / 웃다
   동생 / 울다

5) 볼펜 / 길다
   연필 / 짧다

6) 수아 / 한국 사람
   히엔 / 베트남 사람

연습2 그림을 보고 이야기해 봅시다.

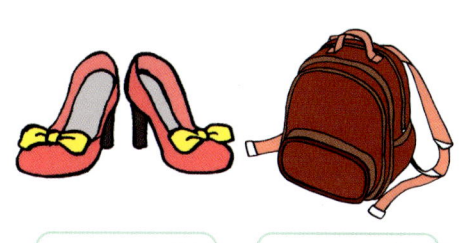

A: 구두가 비싸요?
B: 네, 구두가 비싸요.
A: 가방도 비싸요?
B: 아니요, 가방은 싸요.

1)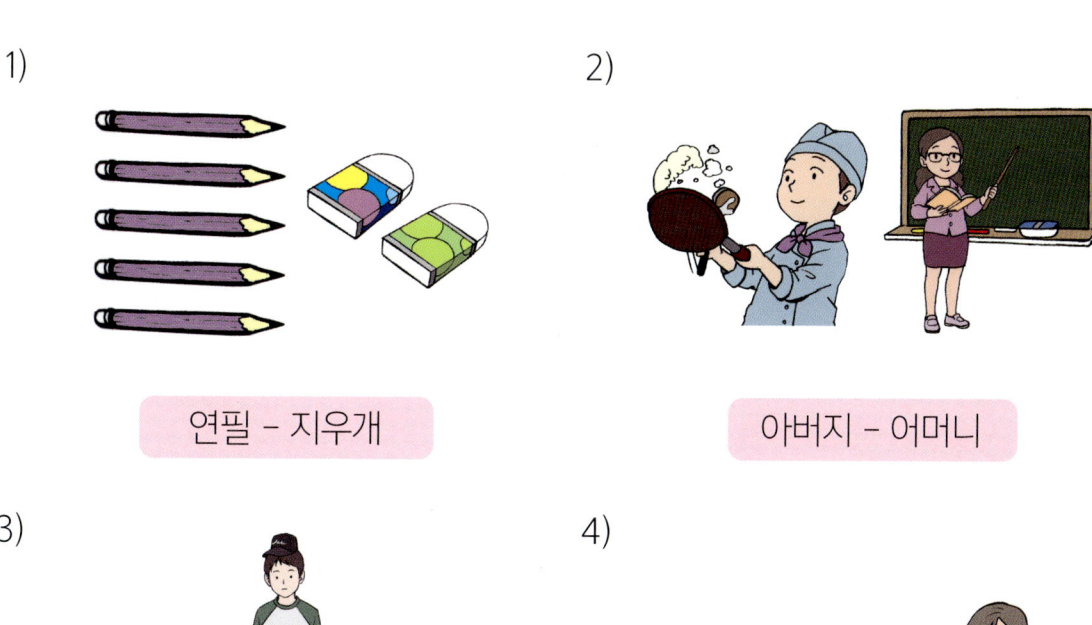

연필 – 지우개

2) 아버지 – 어머니

3)

모자 – 운동화

4)

수잔 – 유나

말하기

저스틴: 도서관이 어때요?

수 아: 도서관이 조용해요.

저스틴: 한국어 책이 많아요?

수 아: 네, 한국어 책이 많아요.

저스틴: 영어 책도 많아요?

수 아: 아니요, 영어 책은 많지 않아요.

1. 대답해 봅시다.

  1) 도서관이 조용해요?

  2) 무엇이 많아요?

2. 대화 내용을 바꿔서 이야기해 봅시다.

1) 도서관	2) 기숙사	3) 공원
조용하다	크다	넓다
한국어 책	여학생	나무
영어 책	남학생	꽃

3. 질문에 대답해 봅시다.

질문	대답
1) 우리 학교가 작아요?	
2) 교실이 깨끗해요?	
3) 숙제가 많아요?	
4) 기숙사 방이 넓어요?	

발음 확인

1. 많아요   [마나요]
2. 많지 않아요   [만치아나요]
3. 책도   [책또]

듣기

1. 한국말 공부가 재미있어요?

2. 듣고 질문에 답해 보십시오. 🎧 4-2

  1) 한국말 공부가 어때요?

  2) 여자는 뭐 해요?

①  ②

③  ④

듣고 말하기

1. 신발이 어때요?

2. 듣고 질문에 답해 보십시오. 🎧 4-3

1) 무엇이 비싸요?

2) 다음을 잘 듣고 맞으면 O, 틀리면 X표를 하십시오.

① 가방이 예뻐요. (O, X)
② 구두가 비싸지 않아요. (O, X)

3. 친구와 이야기해 봅시다.

모자가 어때요?

모자가 커요.

모자가 예뻐요.

읽고 쓰기

1. 편의점에 무엇이 있어요?

2. 읽고 질문에 대답해 보십시오.

여기는 편의점이에요. 편의점에 물건이 많아요. 음식도 많아요. 삼각김밥이 있어요. 도시락도 있어요. 삼각김밥은 싸요. 도시락은 싸지 않아요.

1) 편의점에 물건이 많아요?

2) 읽고 맞으면 O, 틀리면 X표를 하십시오.

① 도시락이 비싸요. (O , X)
② 삼각김밥이 싸지 않아요. (O , X)
③ 편의점에 음식이 있어요. (O , X)

3. 쓰고 말해 봅시다.

1) 도서관이 _____.

2) 책이 _____.

3) 책상이 _____.

4) 가방이 _____.

5) 친구가 _____.

6) 도서관이 _____.

과제 활동

1. 다음과 같이 이야기해 봅시다.

A: 무엇이 재미있어요?
B: 영화가 재미있어요.

A: 영화가 재미있어요?
B: 네, 영화가 재미있어요.

1)

2)

3)

4)

5)

6)

7)

8)

2. 단어를 골라 문장을 써 봅시다.

| 가방 치마 교실 책
영화 학교 친구
동생 볼펜 텔레비전 | 이 / 가 | 바쁘다 크다
좋다 조용하다 많다
길다 쉬다 오다
재미있다 비싸다 |

1) 가방이 비싸요.
2) _____.
3) _____.
4) _____.
5) _____.
6) _____.
7) _____.
8) _____.
9) _____.
10) _____.

4과 어휘 목록

- 가다
- 같다
- 공부하다
- 공원
- 그럼
- 길다
- 깨끗하다
- 나무
- 날씨
- 남학생
- 넓다
- 도서관
- 도시락
- 많다
- 맛있다
- 목걸이
- 물건
- 바쁘다
- 비싸다
- 삼각김밥
- 숙제
- 쉬다
- 싸다
- 어떻다
- 여자
- 여학생
- 영어
- 영화
- 예쁘다
- 오다
- 옷
- 울다
- 웃다
- 음식
- 인사하다
- 자다
- 작다
- 재미없다
- 재미있다
- 적다
- 조금
- 조용하다
- 좁다
- 좋다
- 짧다
- 치마
- 크다
- 하지만
- 한국어

자기 평가

 1. 지금 쉬어요?

 2. 학교가 어때요?

 3. 무엇이 맛있어요?

문화 읽기

한국 사람들은 편의점에서 무엇을 할까요?

한국의 편의점에는 과자나 음료수, 아이스크림과 같은 간식부터 샴푸, 비누 등의 생활용품도 있어요. 그리고 대부분의 편의점 안에는 ATM 기계가 있어서 간단한 은행 업무도 처리할 수 있고 택배를 보내거나 받는 서비스도 제공해요. 한국 사람들은 라면이나 도시락으로 간단하게 식사를 할 때 편의점을 이용해요.

5과 장소

커피숍에서 친구를 만나요

학습 목표
1. 장소를 말할 수 있다.
2. 무엇을 하는지 묻고 답할 수 있다.

어휘
1. 장소 어휘
2. 여기 / 거기 / 저기
3. 동사[2]

문법과 표현
1. -에 가다
2. -을/를
3. -에서

* 'ㄷ' 불규칙

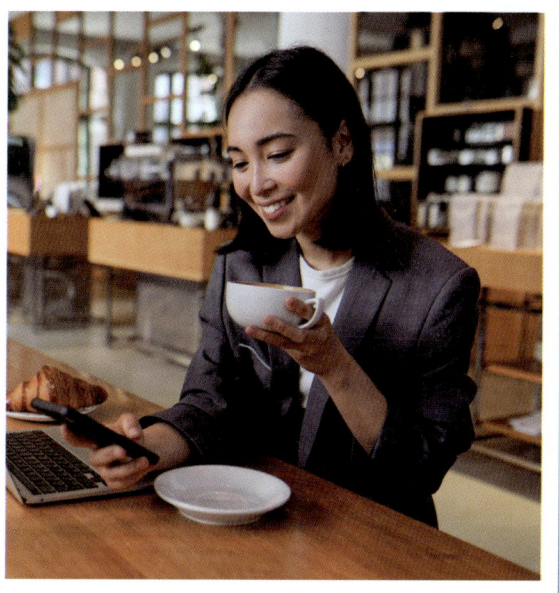

5과
장소

어휘

1. 장소 어휘입니다. 읽어 봅시다.

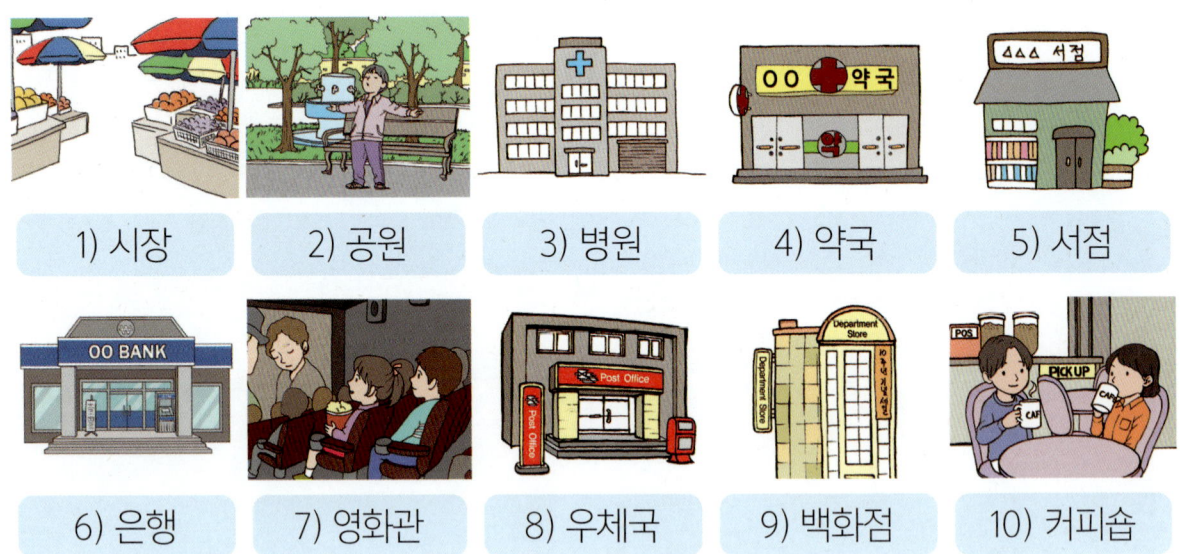

1) 시장
2) 공원
3) 병원
4) 약국
5) 서점
6) 은행
7) 영화관
8) 우체국
9) 백화점
10) 커피숍

2. 다음을 읽어 봅시다.

여기 / 거기 / 저기

3. 동사 어휘입니다. 이야기해 봅시다.

1) 먹다 2) 사다 3) 읽다 4) 보다 5) 찍다

6) 쓰다 7) 마시다 8) 일하다 9) 만나다 10) 배우다

11) 기다리다 12) 노래하다 13) 운동하다 14) 듣다 15) 걷다

먹어요?

네, 먹어요.

'ㄷ' 불규칙

- 듣다: 듣 + 어요 → 들어요
- 걷다: 걷 + 어요 → 걸어요

5과 장소 131

문법과 표현 1 [명]에 가다

A: 학교**에 가요**?

B: 네, 학교**에 가요**.

[명]	-에 가요	[명]	-에 가요
집	집에 가요	회사	회사에 가요
시장	시장에 가요	기숙사	기숙사에 가요

[명]에 와요 / [명]에 다녀요
- 저는 매일 학교에 와요.
- 수진 씨는 은행에 다녀요.

연습1 그림을 보고 이야기해 봅시다.

1)
민수 / 기숙사

2)
은정 / 도서관

3)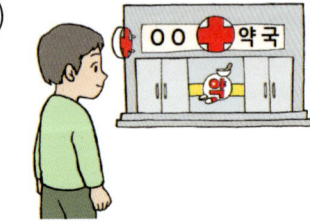
도밍고 / 약국

민수가 어디**에 가요**?

민수가 기숙사**에 가요**.

연습2 다음과 같이 이야기해 봅시다.

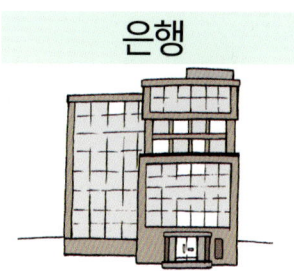

A: 은행에 가요?
B: 아니요, 회사에 가요.

1) 병원 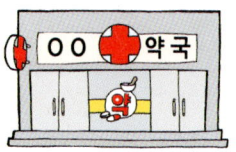　2) 시장 　3) 백화점 　4) 도서관

연습3 다음과 같이 이야기해 봅시다.

A: 어디에 다녀요?
B: <u>우체국에 다녀요</u>.

1) 　A: 교회에 다녀요?
B: 네, _____.

2) 　A: 어디에 다녀요?
B: _____.

3) 　A: 지금 집에 가요?
B: 아니요, 집에 안 가요. _____.

4) 　A: 내일도 도서관에 와요?
B: 네, _____.

문법과 표현2 [명]을/를

A: 지수 씨가 사진을 찍어요?

B: 네, 지수 씨가 사진을 찍어요.

[명]	-을	[명]	-를
옷	옷을	커피	커피를
돈	돈을	일기	일기를

연습1 그림을 보고 이야기해 봅시다.

1) 커피 / 마시다
2) 잠 / 자다
3) 밥 / 먹다
4) 태권도 / 배우다
5) 춤 / 추다
6) 음악 / 듣다
7) 편지 / 쓰다
8) 이야기 / 하다

지금 무엇을 해요?

커피를 마셔요.

연습2 다음과 같이 쓰고 이야기해 봅시다.

춤 / 추다

A: 학생이 운동을 해요?
B: 아니요, 운동을 안 해요. 춤을 춰요.

1) 일기 / 쓰다
A: 아만다 씨가 책을 읽어요?
B: 아니요. _____.
   _____.

2) 커피 / 마시다
A: 룰라 씨가 밥을 먹어요?
B: 아니요. _____.
   _____.

3) 음악 / 듣다
A: 첸첸 씨가 노래를 해요?
B: 아니요. _____.
   _____.

4) 이야기 / 하다
A: 동생이 공부를 해요?
B: _____.
   _____.

5) 버스 / 기다리다
A: 은정 씨가 친구를 만나요?
B: _____.
   _____.

운동하지 않아요. = 운동 안 해요.   안 운동해요. (X)
공부하지 않아요. = 공부 안 해요.   안 공부해요. (X)

문법과 표현3   [명]에서

A: 서점**에서** 책을 사요?

B: 네, 서점**에서** 책을 사요.

[명]	-에서	[명]	-에서
백화점	백화점**에서**	학교	학교**에서**
도서관	도서관**에서**	기숙사	기숙사**에서**

연습1 그림을 보고 이야기해 봅시다.

1)
한국어를 배우다

2)
사과를 사다

3)
산책을 하다

4)
영화를 보다

5)
돈을 찾다

6)
소포를 보내다

어디**에서** 한국어를 배워요?

학교**에서** 한국어를 배워요.

연습2 다음과 같이 이야기해 봅시다.

1) 집

2) 학교

3) 백화점

4) 공원

집에서 무엇을 해요?

집에서 텔레비전을 봐요.

집에서 쉬어요.

말하기

리우청: 소피아 씨, 지금 어디에 있어요?
소피아: 커피숍에 있어요.
리우청: 거기에서 뭘 해요?
소피아: 여기에서 친구를 만나요.
　　　리우청 씨는 뭘 해요?
리우청: 저는 지금 학교에 가요.

1. 대답해 봅시다.

   1) 소피아 씨는 커피숍에서 무엇을 해요?
   2) 리우청 씨는 어디에 가요?

2. 대화 내용을 바꿔서 이야기해 봅시다.

| 1) 커피숍
친구 / 만나다
학교 | 2) 은행
돈 / 바꾸다
우체국 | 3) 친구 집
숙제 / 하다
서점 |

3. 친구와 이야기해 봅시다.

질문	나	친구 ( )
1) 어디에서 밥을 먹어요?		
2) 어디에서 운동을 해요?		
3) 어디에서 이야기를 해요?		
4) 어디에서 사진을 찍어요?		
5) 어디에서 음악을 들어요?		

발음 확인

1. 커피숍에　　[커피쇼베]
2. 학교　　　　[학꾜]

듣기

1. 우체국에서 뭘 해요?

2. 듣고 질문에 답해 보십시오. 5-2

1) 약국에서 무엇을 해요?

2) 두 사람은 어디에 있어요? 맞는 그림을 고르십시오.

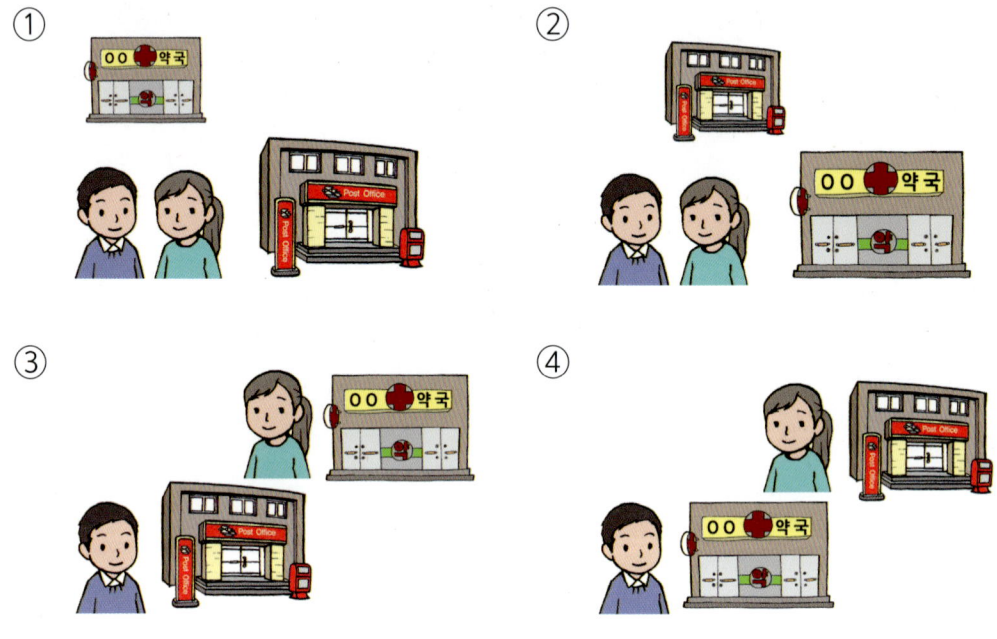

듣고 말하기

1. 백화점에서 무엇을 해요?

2. 듣고 질문에 답해 보십시오. 5-3

1) 남자는 어디에서 친구를 만나요?

2) 듣고 맞으면 O, 틀리면 X표를 하십시오.

① 여자는 지금 백화점 식당에 가요.　　　　　　　　　(O , X)

② 남자는 보통 백화점에서 쇼핑을 해요.　　　　　　　(O , X)

3. 그림을 보고 질문에 답해 봅시다.

☑ 공원　　☐ 식당　　☐ 도서관　　☐ 백화점　　☐ 영화관　　☐ ?

A: 어디에 가요?

B: 공원에 가요.

A: 거기에서 무엇을 해요?

B: 공원에서 운동을 해요.

읽고 쓰기

1. 커피숍에서 무엇을 해요?

2. 읽고 질문에 대답해 보십시오.

> 학교 1층에 커피숍이 있어요. 저는 여기에서 아르바이트를 해요. 커피숍에 학생이 많아요. 유토 씨는 커피숍에서 책을 읽어요. 그리고 제니 씨는 친구를 만나요. 투이 씨는 커피를 마셔요. 민수 씨는 숙제를 해요.

1) 이 사람은 어디에서 아르바이트를 해요?

2) 누가 무엇을 해요? 알맞은 것을 연결하십시오.

① 유토 • • ㉠

② 제니 • • ㉡

③ 투이 • • ㉢

④ 민수 • • ㉣

3. 공원에서 사람들이 무엇을 합니까? 그림을 보고 쓰십시오.

여기는 공원이에요. 사람이 많아요.

1) 진호는 신문을 읽어요.

2) 민수는 _____.

3) 왕펑은 _____.

4) 아웅 표는 _____.

5) 지수는 _____.

6) 민정은 _____.

7) 룰라는 _____.

8) 비엣은 _____.

과제 활동

1. 친구의 행동을 보고 무엇을 하는지 말해 봅시다.

물을 마시다	책을 읽다	춤을 추다
영화를 보다	운동을 하다	잠을 자다
사진을 찍다	편지를 쓰다	사과를 먹다
음악을 듣다	돈을 찾다	태권도를 하다

물을 마시다

물을 마셔요.

2. 여기는 어디입니까? 설명을 잘 듣고 장소를 이야기해 봅시다.

여기에서 바나나를 사요. 사과도 사요. 여기는 어디예요?

시장이에요.

저는 의사예요. 여기에서 일해요.

1)

저는 선생님이에요. 여기에서 한국어를 가르쳐요.

2)

여기에서 돈을 찾아요.

3)

여기에서 산책을 해요. 사진도 찍어요.

4)

책이 많아요. 여기에서 책을 사요.

5)

?

6)

5과 어휘 목록

- 가르치다
- 거기
- 걷다
- 교회
- 기다리다
- 내일
- 노래하다
- 다니다
- 돈
- 듣다
- 마시다
- 만나다
- 매일
- 먹다
- 바꾸다
- 밥
- 배우다
- 백화점
- 버스
- 병원
- 보내다
- 보다
- 보통
- 사다
- 산책
- 서점
- 소포
- 쇼핑하다
- 시장
- 쓰다
- 아르바이트
- 약
- 약국
- 영화관
- 우체국
- 운동하다
- 은행
- 음악
- 이야기하다
- 일기
- 일하다
- 읽다
- 잠
- 저기
- 찍다
- (돈을) 찾다
- 추다
- 춤
- 태권도
- 편지
- 회사

자기 평가

1. 어디에서 한국말을 배워요?
2. 매일 어디에 가요?
3. 보통 어디에서 숙제를 해요?

문화 읽기

공공 도서관은 월요일에 쉽니다.

한국에는 공공 도서관이 많습니다. 회원 가입을 하면 책을 빌릴 수 있습니다. 회원 가입을 하려면 신분증을 가지고 도서관에 직접 가서 등록하거나 도서관 홈페이지에서 가입해야 합니다. 책은 15일 정도 빌릴 수 있습니다. 공공 도서관은 오전 9시부터 오후 6시까지 문을 여는데 보통 월요일은 쉽니다.

6과 생일

제 생일은 어제였어요

학습 목표
1. 숫자를 읽을 수 있다.
2. 날짜와 요일을 말할 수 있다.

어휘
1. 수¹
2. 시간 관련 어휘

문법과 표현
1. 날짜와 요일
2. -에²
3. -이었어요/였어요

6과 생일

어휘

1. 다음 숫자를 읽고 써 봅시다.

1	2	3	4	5	6	7	8	9	10
일	이	삼	사	오	육	칠	팔	구	십

```
        1  2
        십 이

        1  2  3
        백 이 십 삼

        1  2  3  4
        천 이 백 삼 십 사

        1  2  3  4  5
        만 이 천 삼 백 사 십 오

        1  2  3  4  5  6
        십 이 만 삼 천 사 백 오 십 육

        1  2  3  4  5  6  7
        백 이 십 삼 만 사 천 오 백 육 십 칠

        1  2  3  4  5  6  7  8
        천 이 백 삼 십 사 만 오 천 육 백 칠 십 팔

        1  2  3  4  5  6  7  8  9
        일 억 이 천 삼 백 사 십 오 만 육 천 칠 백 팔 십 구
```

   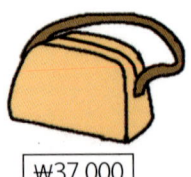

1) (　　　) 번　　2) (　　　) 쪽　　3) (　　　) 호　　4) (　　　) 원

2. 다음은 시간 관련 어휘입니다. 읽어 봅시다.

3. 알맞은 수를 쓰고 읽어 봅시다.

1) 작년 / 올해 / 내년

[ ]년   [ ]년   [ ]년

2) 지난달 / 이번 달 / 다음 달

[ ]월   [ ]월   [ ]월

문법과 표현1 날짜와 요일

월	일
3	15

A: 오늘은 몇 월 며칠이에요?
B: 삼 **월** 십오 **일**이에요.

1월	2월	3월	4월	5월	6월	7월	8월	9월	10월	11월	11월
일 월	이 월	삼 월	사 월	오 월	유 월	칠 월	팔 월	구 월	시 월	십일 월	십이 월

6월 → 육 월(X)   유 월(O)
10월 → 십 월(X)   시 월(O)

Sun	Mon	Tue	Wen	Thu	Fri	Sat
일요일	월요일	화요일	수요일	목요일	금요일	토요일

연습1 읽고 이야기해 봅시다.

1) 월 5 / 일 21
2) 월 7 / 일 16
3) 월 10 / 일 10
4) 월 1 / 일 24
5) 월 6 / 일 30
6) 월 12 / 일 8

몇 월 며칠이에요?

오 **월** 이십 일**일**이에요.

연습2 다음 달력을 보고 질문에 답해 봅시다.

9월

일	월	화	수	목	금	토
1	2	3	4 오늘	5	6	7
8	9	10	11	12	13	14

1) 오늘은 무슨 요일이에요?

2) 내일은 무슨 요일이에요?

3) 9월 8일은 무슨 요일이에요?

4) 9월 9일은 무슨 요일이에요?

5) 모레는 몇 월 며칠이에요?

6) 다음 주 화요일은 몇 월 며칠이에요?

7) 다음 주 토요일은 몇 월 며칠이에요?

문법과 표현2 [명]에²

A: 보통 주말에 뭘 해요?

B: 보통 주말에 집에서 쉬어요.

[명]	-에	[명]	-에
5월	5월에	지난주	지난주에
목요일	목요일에	다음 주	다음 주에

 언제, 그제, 어제, 오늘, 지금, 내일, 모레, 매일 + 에 (X)
- 내일에 친구를 만나요. (X)   내일 친구를 만나요. (O)

연습1 그림을 보고 이야기해 봅시다.

1)
월요일

2)
12월 25일

3)
저녁

4)
다음 주 토요일

월요일에 뭘 해요?

월요일에 친구를 만나요.

연습2 이야기해 봅시다.

1) 오늘 저녁 / 생일 파티를 하다
2) 내일 / 태권도를 배우다
3) 토요일 오후 / 청소를 하다
4) 지금 / 음악을 듣다
5) 생일 / 친구를 만나다
6) 일요일 / 교회에 가다

언제 생일 파티를 해요?

오늘 저녁에 생일 파티를 해요.

문법과 표현3   [명]이었어요/였어요

A: 작년 생일 선물이 뭐**였어요**?

B: 시계**였어요**.

[명]	–이었어요	[명]	–였어요
선물	선물이었어요	가수	가수였어요
일요일	일요일이었어요	지난주	지난주였어요

연습1 다음을 보고 말해 봅시다.

12월

21일(일)	22일(월)	23일(화)	24일(수)	25일(목)	26일(금)	27일(토)
	유토 생일 파티		내 생일	크리스마스	오늘	

1) 12월 23일 / 화요일

2) 유토 생일 파티 / 월요일

3) 크리스마스 / 어제

4) 내 생일 / 그제

12월 23일은 화요일**이었어요**.

말하기

🎧 6-1

리우청: 타냐 씨, 그게 뭐예요?

타　냐: 제 생일 선물이에요.

리우청: 오늘이 타냐 씨 생일이에요?

타　냐: 아니요, 제 생일은 어제였어요.

리우청: 그럼, 10월 20일이 타냐 씨 생일이었어요?

타　냐: 네, 리우청 씨 생일은 언제예요?

리우청: 다음 주 목요일이에요.

1. 대답해 봅시다.

   1) 오늘은 몇 월 며칠이에요?

   2) 리우청의 생일은 언제예요?

2. 대화 내용을 바꿔서 이야기해 봅시다.

1) 어제	2) 그제	3) 지난주 일요일
10월 20일	11월 15일	12월 8일
다음 주 목요일	이번 주 수요일	다음 주 금요일

3. 인터뷰해 봅시다.

이름	생일이 언제예요?	작년 생일 선물은 뭐였어요?
나		
친구1 ( )		
친구2 ( )		
친구3 ( )		

발음 확인

1. 선물이에요 [선무리에요]
2. 10월 20일이 [시월 이시비리]
3. 생일이었어요 [생이리어써요]
4. 목요일이에요 [모교이리에요]

듣기

1. 오늘은 몇 월 며칠이에요?

2. 듣고 질문에 답해 보십시오. 6-2

   1) 어제는 몇 월 며칠이었어요?

   2) 듣고 맞으면 O, 틀리면 X표를 하십시오.

   ① 어제는 목요일이었어요. (O, X)
   ② 남자는 수요일 오전에 태권도를 배워요. (O, X)

듣고 말하기

1. 어떤 선물을 좋아해요?

2. 듣고 질문에 답해 보십시오. 6-3

   1) 동생의 생일 선물은 뭐예요?

2) 선물의 가격은 얼마예요?

① 1,100원　　　② 1,200원　　　③ 11,000원　　　④ 12,000원

3. 생일 선물이에요. 가격을 이야기해 봅시다.

 옷이 얼마예요?

 옷은 구천구백 원이에요.

읽고 말하기

1. 어린이날은 언제예요?

2. 읽고 질문에 대답해 보십시오.

> 어제는 어린이날이었어요. 한국의 어린이날은 5월 5일이에요. 아이들은 어린이날에 선물을 많이 받아요. 부모님들은 보통 장난감을 많이 선물해요. 이날은 가족들이 같이 놀이공원에 가요. 그래서 아이들은 5월 5일을 기다려요.

1) 오늘은 몇 월 며칠이에요?

① 오 월 사 일　　　　② 오 월 오 일
③ 오 월 육 일　　　　④ 오 월 칠 일

2) 읽고 맞으면 O, 틀리면 X표를 하십시오.

① 부모님은 장난감을 선물 받아요.　　　　　　　　　　(O, X)
② 가족들은 어린이날을 모두 기다려요.　　　　　　　　(O, X)

3. 달력을 보고 이야기해 봅시다.

5월						
일	월	화	수	목	금	토
						1
2	3	4	5 어린이날	6	7	8 어버이날
9	10	11	12 (오늘)	13	14	15 스승의 날
16	17	18	19	20	21	22
23	24	25	26 히엔 생일	27	28	29
30	31					

A: 오늘은 몇 월 며칠이에요?
B: 오 월 십이 일이에요.
A: 무슨 요일이에요?
B: 수요일이에요.

1) 어린이날
2) 어버이날
3) 스승의 날
4) 히엔 생일

과제 활동

1. 다음 빙고판에 숫자를 쓴 후 빙고 게임을 해 봅시다.

1) 1~50

2) 51~100

2. 생일 축하 노래를 부릅시다.

6과 어휘 목록

- 가격
- 그래서
- 그제
- 금요일
- 날짜
- 내년
- 내일
- 놀이공원
- 다음 주
- 달
- (아이)들
- 매일
- 며칠
- 모두
- 모레
- 목요일
- 무슨
- 받다
- 번
- 부모님
- 사랑하다
- 생일
- 선물
- 수요일
- 스승의 날
- 어버이날
- 어제
- 언제
- 얼마
- 오늘
- 오전
- 오후
- 올해
- 요일
- 원
- 월
- 월요일
- 이날
- 이번 주
- 일
- 일요일
- 작년
- 장난감
- 저녁
- 주말
- 지난주
- 쪽
- 청소하다
- 축하하다
- (생일) 카드
- 크리스마스
- 토요일
- 파티
- 호
- 화요일

자기 평가

1. 오늘은 몇 월 며칠이에요?
2. 보통 주말에 뭐 해요?
3. 작년 생일 선물이 뭐였어요?

문화 읽기

한국의 화폐 단위는 '원'입니다.

한국의 지폐에는 한국 위인들의 초상화가 그려져 있는데 1,000원 짜리에는 퇴계 이황, 5,000원 짜리에는 율곡 이이, 10,000원 짜리에는 세종대왕, 50,000원 짜리에는 신사임당이 있습니다. 그리고 10원 짜리 동전에는 다보탑, 50원 짜리 동전에는 벼 이삭, 100원 짜리 동전에는 이순신 장군, 500원 짜리 동전에는 학의 모습이 담겨져 있습니다.

7과 계절과 날씨

어제는 너무 더웠어요

학습 목표
1. 계절의 특징을 표현할 수 있다.
2. 날씨에 대해 말할 수 있다.

어휘
1. 계절 어휘
2. 날씨 어휘

문법과 표현
1. -았어요/었어요
2. -고 싶다
3. -과/와

* 'ㅂ' 불규칙

7과 계절과 날씨

어휘

1. 계절 어휘입니다. 이야기해 봅시다.

봄

꽃이 많이 피다
나비가 날다

여름

바다에 가다
수영을 하다

가을

단풍이 예쁘다
등산을 하다

겨울

눈싸움을 하다
눈사람을 만들다

무슨 계절을 좋아해요?

저는 봄을 좋아해요.

봄에 꽃이 많이 피어요?

네, 꽃이 많이 피어요.

2. 날씨 어휘입니다. 이야기해 봅시다.

1) 비가 오다
2) 눈이 오다
3) 춥다
4) 덥다
5) 맑다
6) 흐리다
7) 따뜻하다
8) 시원하다

날씨가 어때요?

비가 와요.

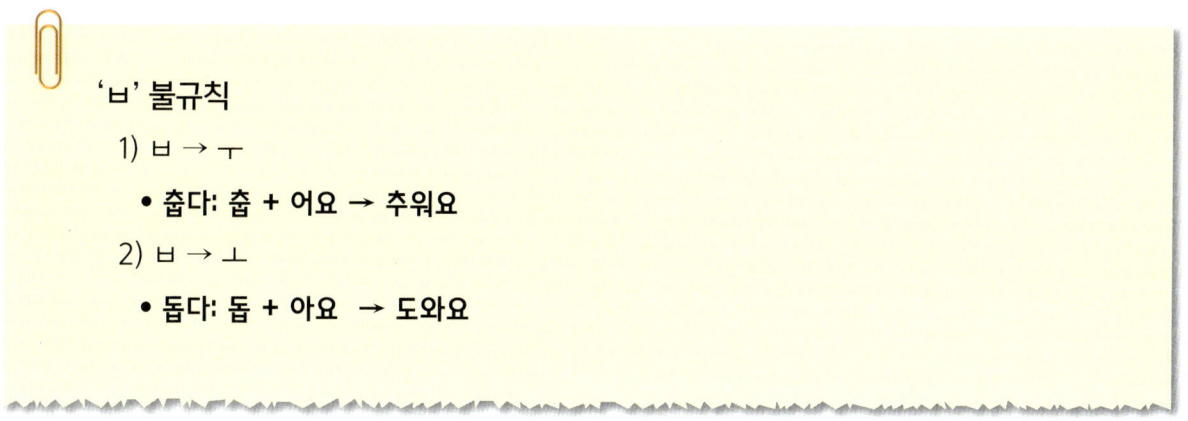

'ㅂ' 불규칙

1) ㅂ → ㅜ
- 춥다: 춥 + 어요 → 추워요

2) ㅂ → ㅗ
- 돕다: 돕 + 아요 → 도와요

문법과 표현 1   [동],[형]았어요/었어요

A: 어제 날씨가 어땠어요?
B: 아주 **맑았어요**.

[동],[형]	-았어요	[동],[형]	-었어요	[동],[형]	-였어요
보다	봤어요	쉬다	쉬었어요	운동하다	운동했어요
많다	많았어요	적다	적었어요	조용하다	조용했어요

연습1 다음과 같이 이야기해 봅시다.

가다
A: 갔어요?
B: 네, 갔어요.

① 가다
② 좋다
③ 놀다
④ 곱다
⑤ 만나다

웃다
A: 웃었어요?
B: 네, 웃었어요.

① 웃다
② 듣다
③ 입다
④ 예쁘다
⑤ 아름답다

일하다
A: 일했어요?
B: 네, 일했어요.

① 일하다
② 등산하다
③ 깨끗하다
④ 노래하다
⑤ 인사하다

연습2 다음과 같이 이야기해 봅시다.

어제 / 비가 오다

A: 어제 비가 왔어요?
B: 네, 어제 비가 왔어요.

1)
지난주 /
눈사람을 만들다

2)
아까 /
텔레비전을 보다

3)
어제 /
선물을 받다

4)
그제 /
할아버지를 돕다

5)
어제 저녁 /
날씨가 춥다

6)
작년 /
베트남에 가다

연습3 쓰고 이야기해 봅시다.

1) A: 바다에 갔어요?
   B: 아니요, 바다에 가지 않았어요_____.

2) A: 불고기가 쌌어요?
   B: 아니요, _____.

3) A: 언제 한국에 왔어요?
   B: _____.

7과 계절과 날씨 173

문법과 표현 2 [동]고 싶다

A: 내일 뭘 하고 **싶어요**?

B: 수영을 하고 **싶어요**.

[동]	-고 싶어요	[동]	-고 싶어요
먹다	먹고 싶어요	가다	가고 싶어요
듣다	듣고 싶어요	운동하다	운동하고 싶어요

 [동]고 싶어 하다
- 나는 일본에 가고 싶어요. 앤디 씨는 베트남에 가고 싶어 해요.

연습1 그림을 보고 이야기해 봅시다.

1)  사진을 찍다

2)  음악을 듣다

3)  친구를 만나다

4)  산책을 하다

5)  커피를 마시다

6)  소포를 보내다

 뭘 하고 **싶어요**?

 사진을 찍고 **싶어요**.

연습2 다음과 같이 이야기해 봅시다.

신문을 읽다
A: 신문을 읽고 싶어요?
B: 아니요, 신문을 읽고 싶지 않아요. **잡지를 읽고 싶어요**.

1) 사과를 사다
2) 태권도를 배우다
3) 불고기를 먹다
4) 한국 대통령을 만나다

연습3 다음과 같이 말해 봅시다.

나 – 라면
친구 – 김밥
먹다

나는 라면을 먹고 싶어요.
친구는 김밥을 먹고 싶어 해요.

1) 나 – 영어 / 타냐 – 한국어 / 배우다
2) 나 – 게임 / 형 – 운동 / 하다
3) 우리 – 액션 영화 / 부모님 – 로맨스 영화 / 보다
4) 나 – 빵 / 언니 – 케이크 / 만들다

7과 계절과 날씨

문법과 표현3   [명]과/와

A: 어떤 계절을 좋아해요?

B: 저는 봄과 가을을 좋아해요.

[명]	-과	[명]	-와
빵	빵과	나무	나무와
공책	공책과	의자	의자와

연습1 그림을 보고 이야기해 봅시다.

1) 무엇을 좋아해요?

①
사과 / 바나나

②
비빔밥 / 불고기

③
커피 / 케이크

2) 누구와 뭘 하고 싶어요?

①
동생 / 영화를 보다

②
친구 / 태권도를 배우다

③
어머니 / 옷을 사다

연습2 다음과 같이 쓰고 이야기해 봅시다.

A: 점심에 뭘 먹었어요?
B: 라면과 삼각김밥을 먹었어요.

1)

A: 친구와 어디에 가고 싶어요?

B: _____.

2)

A: 어떤 선물을 받고 싶어요?

B: _____.

3)

A: 편의점에서 무엇을 샀어요?

B: _____.

말하기

7-1

수 아: 케빈 씨! 어제 수영장에 갔어요?

케 빈: 네, 갔어요. 어제는 너무 더웠어요.

수 아: 호주도 지금 여름이에요?

케 빈: 아니요, 지금은 겨울이에요.

수 아: 케빈 씨는 무슨 계절을 좋아해요?

케 빈: 저는 봄과 여름을 좋아해요.

1. 대답해 봅시다.

   1) 어제 날씨는 어땠어요?

   2) 호주는 지금 겨울이에요?

2. 대화 내용을 바꿔서 이야기해 봅시다.

1) 수영장	2) 스키장	3) 공원
덥다	춥다	시원하다
여름	겨울	가을
겨울	여름	봄

3. 인터뷰해 봅시다.

이름	무슨 계절을 좋아해요?	무슨 계절을 싫어해요?
나		
친구1 ( )		
친구2 ( )		
친구3 ( )		

발음 확인

1. 더웠어요   [더워써요]
2. 계절을   [계저를]
3. 좋아해요   [조아해요]

듣기

1. 친구와 어디에 가고 싶어요?

2. 듣고 질문에 답해 보십시오. 7-2

   1) 오늘 날씨가 어땠어요?

   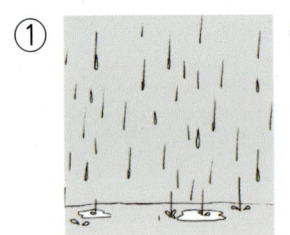   

   2) 듣고 맞으면 O, 틀리면 X표를 하십시오.

   ① 나는 어제 공원에 갔어요. (O, X)
   ② 나는 공원에서 김밥과 사과를 먹었어요. (O, X)

듣고 쓰기

1. 오늘 날씨가 어때요?

2. 듣고 질문에 답해 보십시오. 7-3

   1) 일본은 지금 날씨가 어때요?

2) 여자와 남자는 무슨 계절을 좋아해요?

① 봄　　　② 여름　　　③ 가을　　　④ 겨울

3. 오늘 날씨를 써 보십시오.

한국의 날씨	고향의 날씨	친구 고향의 날씨

읽고 쓰기

1. 매일 일기를 써요?

2. 타냐 씨의 일기입니다. 읽고 질문에 대답해 보십시오.

> 12월 15일 토요일   날씨: 추워요
>
> 오늘 아침에 날씨가 흐렸어요. 오후에 눈이 많이 내렸어요. 저는 한국에서 눈을 처음 봤어요. 그래서 친구와 같이 눈 사진을 많이 찍었어요. 우리는 장갑이 없었어요. 하지만 눈사람을 만들었어요. 그리고 눈싸움도 했어요. 눈싸움이 정말 재미있었어요.
>
>

1) 지금은 무슨 계절이에요?

2) 읽고 맞지 않는 것을 고르십시오.

① 눈 사진을 찍었어요.
② 일요일에 눈싸움을 했어요.
③ 친구와 눈사람을 만들었어요.
④ 나는 한국에서 눈을 처음 봤어요.

3. 일기를 쓰십시오.

월   일   요일 날씨: (   )

과제 활동

1. 다음은 세계의 날씨입니다. 친구와 이야기해 봅시다.

질문	대답
1) 한국의 날씨는 어때요?	
2) 미국의 날씨는 어때요?	
3) 브라질의 날씨는 어때요?	
4) 어느 나라가 가장 추워요?	
5) 어느 나라가 가장 더워요?	

2. 친구와 이야기해 봅시다.

질문	나	친구 ( )
1) 언제 가고 싶어요?	☐ 봄 ☐ 여름 ☐ 가을 ☐ 겨울	☐ 봄 ☐ 여름 ☐ 가을 ☐ 겨울
2) 어디에 가고 싶어요?		
3) 뭘 하고 싶어요?		
4) 뭘 먹고 싶어요?		

저는 여름에 바다에 가고 싶어요.
바다에서 동생과 수영을 하고 싶어요.
그리고 거기에서 아이스크림을 먹고 싶어요.

친구는 겨울에 스키장에 가고 싶어 해요.
스키장에서 스키를 타고 싶어 해요.
그리고 스키장에서 라면과 김밥을 먹고 싶어 해요.

7과 어휘 목록

- 가을
- 가장
- 같이
- 겨울
- 계절
- 곱다
- 김밥
- 나비
- 날다
- 날씨
- (눈이) 내리다
- 놀다
- 눈
- 눈사람
- 눈싸움
- 단풍
- 대통령
- 덥다
- 돕다
- 등산
- 따뜻하다
- 러시아
- 로맨스
- 만들다
- 맑다
- 바다
- 봄
- 브라질
- 비
- 수영
- 샌드위치
- 스키
- 스키장
- 시원하다
- 싫어하다
- 아까
- 아름답다
- 아주
- 아침
- 액션
- 여름
- 입다
- 잡지
- 장갑
- 정말
- 좋아하다
- 처음
- 춥다
- (스키를) 타다
- (꽃이) 피다
- 흐리다

자기 평가

 1. 무슨 계절을 좋아해요?

 2. 어제 날씨가 어땠어요?

 3. 겨울에 어디에 가고 싶어요?

문화 읽기

한국에는 사계절이 있습니다.

한국에는 봄, 여름, 가을, 겨울 사계절이 있습니다. 봄에는 날씨가 따뜻하고 진달래와 개나리 꽃이 핍니다. 그래서 사람들이 꽃구경을 많이 갑니다. 여름은 덥고 비가 많이 내려서 습합니다. 여름에는 날씨가 더우니까 여름 방학이 있고 사람들은 여름 휴가를 떠납니다. 가을에는 날씨가 선선하며 단풍이 듭니다. 그래서 사람들은 단풍을 구경하러 산에 많이 갑니다. 겨울에는 눈이 오고 날씨가 춥습니다. 눈이 오면 눈사람을 만들고 눈싸움을 합니다. 그리고 스케이트장이나 스키장에 갑니다.

8과 친구

언제 한국에 왔습니까?

학습 목표
1. 격식체로 표현할 수 있다.
2. 친구를 소개할 수 있다.

어휘
1. 운동 어휘
2. 착용 어휘

문법과 표현
1. -ㅂ니까?/습니까?
   -ㅂ니다/습니다
2. -았습니까?/었습니까?
   -았습니다/었습니다
3. -고[1]

* 'ㄹ' 탈락

8과 친구

어휘

1. 운동 어휘입니다. 친구와 이야기해 봅시다.

1) 농구  / 축구  / 태권도 → 하다

2) 탁구  / 테니스  / 배드민턴 → 치다

3) 스키  / 자전거  / 스케이트보드 → 타다

무슨 운동을 해요?

농구를 해요.

2. 그림을 보고 말해 봅시다.

1) 키가 크다
2) 키가 작다
3) 머리가 길다
4) 머리가 짧다
5) 친절하다
6) 날씬하다
7) 멋있다
8) 귀엽다

키가 커요.

3. 착용 어휘입니다. 다음과 같이 이야기해 봅시다.

1) 귀걸이를 하다
2) 목걸이를 하다
3) 양말을 신다
4) 모자를 쓰다
5) 안경을 쓰다
6) 치마를 입다
7) 운동화를 신다

귀걸이를 했어요?

네, 귀걸이를 했어요.

문법과 표현 1   [동],[형]ㅂ니까/습니까?   [동],[형]ㅂ니다/습니다

A: 지금 무엇을 **합니까**?

B: 태권도를 **합니다**.

[동],[형]	-ㅂ니까/습니까?	[동],[형]	-ㅂ니다/습니다
보다	봅니까?	보다	봅니다
크다	큽니까?	크다	큽니다
신다	신습니까?	신다	신습니다
많다	많습니까?	많다	많습니다

연습1 다음과 같이 이야기해 봅시다.

1) 축구를 하다   2) 책을 읽다   3) 학교에 가다

4) 음악을 듣다   5) 창문을 열다   6) 비가 오다

지금 축구를 **합니까**?

네, 축구를 **합니다**.

'ㄹ' 탈락
- 열다: 열 + ㅂ니다 → 엽니다
- 길다: 길 + ㅂ니다 → 깁니다

연습2 다음과 같이 이야기해 봅시다.

1) 머리가 짧다　　2) 꽃이 예쁘다　　3) 음식이 맛있다

4) 날씨가 춥다　　5) 바지가 길다　　6) 교실이 깨끗하다

머리가 짧습니까?

네, 머리가 짧습니다.

연습3 알맞은 말을 쓰고 이야기해 봅시다.

1)
A: 어디가 아픕니까?
B: 머리가 _____.

2)
A: 친구가 웃습니까?
B: 아니요, 친구가 _____.

3)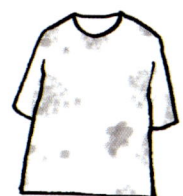
A: 옷이 더럽습니까?
B: 네, 옷이 _____.

4)
A: 지금 밥을 먹습니까?
B: 아니요, 밥을 먹지 않습니다. _____.

문법과 표현 2 [동],[형]았/었습니까? [동],[형]았/었습니다

A: 어제 무엇을 **했습니까**?

B: 친구와 탁구를 **쳤습니다**

[동],[형]	-았습니다	[동],[형]	-었습니다	[동],[형]	-였습니다
타다	탔습니다	읽다	읽었습니다	일하다	일했습니다
작다	작았습니다	길다	길었습니다	시원하다	시원했습니다

연습1 다음과 같이 이야기해 봅시다.

보다
A: 봤습니까?
B: 네, 봤습니다.

① 보다
② 놀다
③ 짧다
④ 좁다
⑤ 만나다

크다
A: 컸습니까?
B: 네, 컸습니다.

① 크다
② 쉬다
③ 걷다
④ 멋있다
⑤ 귀엽다

운동하다
A: 운동했습니까?
B: 네, 운동했습니다.

① 운동하다
② 좋아하다
③ 공부하다
④ 날씬하다
⑤ 친절하다

연습2 알맞은 단어를 쓰고 읽어 봅시다.

| 만나다 | 많다 | 사다 | 아프다 |
| 먹다 | 가다 | 걷다 | 즐겁다 |

어제는 고향 친구를 **만났습니다**.

친구와 같이 시장에 1) _____. 시장에는 사람이

아주 2) _____. 우리는 시장에서 쇼핑했습니다.

친구는 운동화와 치마를 3) _____.

그리고 우리는 식당에서 삼겹살을 4) _____.

어제 너무 많이 5) _____.

그래서 다리가 6) _____.

하지만 어제 정말 7) _____.

다음에 또 가고 싶습니다.

문법과 표현 3 [동],[형]고¹

A: 여동생이 어떻습니까?
B: 키가 작고 아주 귀엽습니다.

[동],[형]	-고	[동],[형]	-고
살다	살고	마시다	마시고
짧다	짧고	예쁘다	예쁘고

연습1 다음과 같이 말해 봅시다.

가방
크다 / 무겁다
➡ 가방이 크고 무겁습니다.

1) 선생님 / 친절하다 / 좋다
2) 케이크 / 달다 / 맛있다
3) 한국어 공부 / 쉽다 / 재미있다

연습2 다음과 같이 말해 봅시다.

나 – 숙제를 하다
동생 – 방에서 놀다
나는 숙제를 하고 동생은 방에서 놉니다.

1) 선생님 – 가르치다
   학생 – 배우다
2) 언니 – 책을 읽다
   오빠 – 음악을 듣다

연습3 다음과 같이 쓰고 이야기해 봅시다.

A: 오늘 날씨가 어떻습니까?
B: 바람이 불고 비가 옵니다.

1) A: 어디에 갑니까?
   B: 형은 _____ 나는 산에 갑니다.

2) A: 저 모델이 어떻습니까?
   B: 저 모델은 키가 _____ 날씬합니다.

3) A: 지금 무엇을 합니까?
   B: 나는 _____ 동생은 _____.

4) A: 어제 무엇을 했습니까?
   B: 나는 스케이트보드를 _____
      동생은 _____.

5) A: 컴퓨터와 베개가 어디에 있습니까?
   B: 컴퓨터는 책상 _____
      베개는 침대 _____.

말하기

🎧 8-1

저스틴: 언제 한국에 왔습니까?

아만다: 10월 16일에 한국에 왔습니다.

저스틴: 지금 몇 반에서 한국말을 공부합니까?

아만다: 5반에서 공부합니다.

저스틴: 반 친구들이 어떻습니까?

아만다: 친절하고 좋습니다.

1. 대답해 봅시다.

1) 아만다는 몇 월 며칠에 한국에 왔습니까?

2) 아만다의 반 친구들이 어떻습니까?

2. 대화 내용을 바꿔서 이야기해 봅시다.

1) 10월 16일
   반 친구들
   친절하다 / 좋다

2) 6월 23일
   한국말 공부
   쉽다 / 재미있다

3) 11월 12일
   교실
   크다 / 깨끗하다

3. 친구와 이야기해 봅시다.

질문	나	친구 ( )
1) 언제 한국에 왔습니까?		
2) 몇 반에서 공부합니까?		
3) 한국어 공부가 어떻습니까?		
4) 한국 생활이 어떻습니까?		

발음 확인

1. 왔습니까?   [왇씀니까]
2. 16일에   [심뉴기레]
3. 몇 반에서   [멷빠네서]
4. 한국말을   [한궁마를]

듣기

1. 친구는 머리가 깁니까?

2. 듣고 질문에 답해 보십시오. 8-2

1) 친구는 키가 큽니까?

2) 친구는 누구입니까? 맞는 그림을 고르십시오.

듣고 말하기

1. 한국 친구가 있습니까?

2. 듣고 질문에 답해 보십시오. 8-3

1) 남자는 한국 친구를 어디에서 처음 만났습니까?

2) 듣고 맞는 것을 고르십시오.

① 여자는 한국 친구가 있어요.
② 여자는 보통 주말에 한국 친구를 만나요.
③ 남자는 주말에 한국 친구와 농구를 해요.
④ 남자와 여자는 학교 운동장에서 만났어요.

3. 친구와 이야기해 봅시다.

질문	나	친구 (　　)
1) 친구는 어느 나라 사람입니까?		
2) 그 친구를 어디에서 처음 만났습니까?		
3) 그 친구와 보통 무엇을 합니까?		

읽고 쓰기

1. 친구는 어떤 운동을 좋아합니까?

2. 읽고 질문에 대답해 보십시오.

　　제 친구는 일본 도쿄에서 왔습니다. 이름은 에리카입니다. 지금 글로벌대학교에서 한국어를 배웁니다. 친구는 운동을 좋아합니다. 테니스를 잘 치고 배구도 아주 잘합니다. 그리고 똑똑하고 친절합니다. 제 친구는 한국말을 잘하고 영어도 아주 잘합니다.

1) 친구는 어디에 다닙니까?

2) 읽고 맞지 않는 것을 고르십시오.
　① 친구는 운동을 잘해요.
　② 친구는 영어를 배워요.
　③ 친구의 고향은 도쿄예요.
　④ 친구는 글로벌대학교 학생이에요.

3. 친구 소개 글을 써 봅시다.

> 어느 나라에서 왔습니까?

> 친구의 이름이 무엇입니까?

> 친구는 무엇을 좋아합니까?

> 친구는 어떻습니까?

제 친구는 _____

과제 활동

1. 다음과 같이 '-고'를 사용해서 말잇기 게임을 해 봅시다.

> 학생1: 내 친구는 키가 커요.
>
> 학생2: 내 친구는 키가 크고 농구를 잘해요.
>
> 학생3: 내 친구는 키가 크고 농구를 잘하고 친구가 많아요.
>
> 학생4: 내 친구는 키가 크고 농구를 잘하고 친구가 많고………

1) 한국은 _____

_____

_____

2) 우리 학교는 _____

_____

_____

2. 그림을 보고 인터뷰를 해 봅시다.

질문	나	친구1 ( )	친구2 ( )
1) 어떤 동물을 좋아합니까?			
2) 어떤 영화를 좋아합니까?			
3) 어떤 운동을 좋아합니까?			
4) 어떤 과일을 좋아합니까?			

8과 어휘 목록

- 농구
- 개
- 공포
- 과일
- 귀걸이
- 귀엽다
- 날씬하다
- 너무
- 다리
- 다음
- 달다
- 더럽다
- 동물
- 딸기
- 또
- 똑똑하다
- 머리
- 멋있다
- 모델
- 무겁다
- 바람
- 배구
- 배드민턴
- 불다
- 산
- 살다
- 삼겹살
- 새
- 생활
- 수박
- 쉽다
- 스케이트보드
- 신다
- (모자를) 쓰다
- 아프다
- 열다
- 운동장
- 자전거
- 잘
- 잘하다
- 정말
- 즐겁다
- 축구
- (탁구를) 치다
- 친절하다
- 코미디
- 키
- 탁구
- 테니스
- 토끼

자기 평가

1. 언제 한국에 왔습니까?
2. 보통 친구와 무엇을 합니까?
3. 친구는 어떻습니까?

문화 읽기

한국에서는 나이에 따라 호칭이 다릅니다.

대부분의 외국인은 친해지면 친구라고 생각합니다. 그리고 나이에 상관없이 서로 이름을 부릅니다. 하지만 한국에서는 나이에 따라 호칭이 달라집니다. 나와 나이가 같거나 적으면 이름을 부릅니다. 나보다 나이가 많으면 언니, 오빠, 형, 누나라고 합니다.

모범 답안

발음

1. 모음¹

4 1) 어   2) 오   3) 우   4) 이   5) 야
    6) 요   7) 아이 8) 야유 9) 우유 10) 이유

2. 자음¹

3 1) ㉡ 포도   2) ㉢ 커피   3) ㉠ 모자
    4) ㉣ 소파   5) ㉥ 주스   6) ㉤ 기차

4 1) 초   2) 혀   3) 너   4) 파   5) 오이
    6) 나무 7) 다리 8) 바지 9) 머리 10) 사자
    11) 커피 12) 휴지

4. 자음²

3 1) 가   2) 따   3) 파   4) 싸   5) 짜
    6) 고리 7) 타도 8) 뿌리 9) 포도 10) 차다

5. 받침

3 1) 강   2) 만   3) 밤   4) 산   5) 잠
    6) 딸   7) 불   8) 살

1과

어휘

1. 2) 일본 사람   3) 베트남 사람   4) 케냐 사람
   5) 미국 사람   6) 중국 사람

2. 1) 가수   2) 의사   3) 학생   4) 경찰관

문법과 표현1

1. 2) 중국 사람입니까? 네, 중국 사람입니다.
   3) 케냐 사람입니까? 네, 케냐 사람입니다.
   4) 베트남 사람입니까? 네, 베트남 사람입니다.
   5) 한국 사람입니까? 네 한국 사람입니다.
   6) 미국 사람입니까? 네, 미국 사람입니다.

2. 1) 아버지입니다. / 수아입니다. / 친구입니다.
   2) 사과입니다. / 모자입니다. / 안경입니다.
   3) 집입니다. / 학교입니다. / 식당입니다.

문법과 표현2

1. 2) 학생입니까? 아니요, 학생이 아닙니다.
   3) 한국 사람입니까? 아니요, 한국 사람이 아닙니다.
   4) 가수입니까? 아니요, 가수가 아닙니다.
   5) 선생님입니까? 아니요, 선생님이 아닙니다.
   6) 베트남 사람입니까? 아니요, 베트남 사람이 아닙니다.

2. 1) 커피가 아닙니다. 우유입니다.
   2) 가방이 아닙니다. 안경입니다.
   3) 모자가 아닙니다. 구두입니다.
   4) 중국이 아닙니다. 미얀마입니다.
   5) 학교가 아닙니다. 식당입니다.
   6) 인도가 아닙니다. 베트남입니다.

문법과 표현3

1. 2) 리우청은 어느 나라 사람입니까? 리우청은 중국 사람입니다.
   3) 히엔은 어느 나라 사람입니까? 히엔은 베트남 사람입니다.
   4) 민호는 어느 나라 사람입니까? 민호는 한국 사람입니다.
   5) 소피아는 어느 나라 사람입니까? 소피아는 미국 사람입니다.
   6) 유토는 어느 나라 사람입니까? 유토는 일본 사람입니다.

2.	2) 친구 이름은 알렌입니다. 알렌은 선생님입니다.
3) 친구 이름은 압둘입니다. 압둘은 학생입니다.
4) 친구 이름은 안나입니다. 안나는 요리사입니다.
5) 친구 이름은 주디입니다. 주디는 화가입니다.

말하기

1.	1) 남자 이름은 유토입니다.
2) 히엔 씨는 베트남 사람입니다.

듣기

2.	1) 왕펑 씨는 중국 사람입니다.
2) ① 경찰관   ② 선생님   ③ 요리사

듣고 말하기

2.	1) 김민수 씨 직업은 화가입니다.
2) ① O   ② X

3.	1) 제 이름은 응아입니다. 저는 베트남 사람입니다. 직업은 의사입니다.
2) 제 이름은 사르더르입니다. 저는 우즈베키스탄 사람입니다. 직업은 요리사 입니다.
3) 제 이름은 아야카입니다. 저는 일본 사람입니다. 직업은 화가입니다.
4) 제 이름은 해리슨입니다. 저는 미국 사람입니다. 직업은 영화배우입니다.

읽고 쓰기

2.	1) 제시카 씨는 호주에서 왔습니다.
2) ① X   ② O

2과

어휘

1.	2) 텔레비전입니까? 네, 텔레비전입니다.
3) 달력입니까? 네, 달력입니다.
4) 시계입니까? 네, 시계입니다.
5) 지도입니까? 네, 지도입니다.
6) 의자입니까? 네, 의자입니다.
7) 책상입니까? 네, 책상입니다.
8) 컴퓨터입니까? 네, 컴퓨터입니다.
9) 칠판입니까? 네, 칠판입니다.
10) 문입니까? 네, 문입니다.

2.	2) 지우개입니다. 3) 볼펜입니다. 4) 책입니다.
5) 공책입니다.   6) 필통입니다.
7) 가위입니다.   8) 자입니다.

문법과 표현1

1.	2) 연필이에요? 네, 연필이에요.
3) 꽃이에요? 네, 꽃이에요.
4) 사과예요? 네, 사과예요.
5) 시계예요? 네, 시계예요.
6) 우산이에요? 네, 우산이에요.
7) 자예요? 네, 자예요.
8) 칠판이에요? 네, 칠판이에요.

2.	1) 경찰관이에요? 아니요, 영화배우예요.
2) 필통이에요? 아니요, 안경이에요.
3) 학교예요? 아니요, 집이에요.

3.	1) 리우청이에요. / 중국 사람이에요.
2) 저스틴이에요. / 케냐 사람이에요.
3) 소피아예요. / 미국 사람이에요.

문법과 표현2

1.
2) 책상이에요? 아니요, 책상이 아니에요.
3) 구두예요? 아니요, 구두가 아니에요.
4) 일본 사람이에요? 아니요, 일본 사람이 아니에요.
5) 창문이에요? 아니요, 창문이 아니에요?
6) 지우개예요? 아니요, 지우개가 아니에요.
7) 공책이에요? 아니요, 공책이 아니에요.
8) 가수예요?, 아니요, 가수가 아니에요.

2.
1) 학교예요? 아니요, 학교가 아니에요. 식당이에요.
2) 모자예요? 아니요, 모자가 아니에요. 안경이에요.
3) 아이스크림이에요? 아니요, 아이스크림이 아니에요. 바나나예요.
4) 영국 사람이에요? 아니요, 영국 사람이 아니에요. 중국 사람이에요.
5) 야구 선수예요? 아니요, 야구 선수가 아니에요. 영화 배우예요.
6) 요리사예요? 아니요, 요리사가 아니에요. 화가예요.

문법과 표현3

1.
2) 누구의 공책이에요? 형의 공책이에요.
3) 누구의 안경이에요? 선생님의 안경이에요.
4) 누구의 가방이에요? 다니엘 씨의 가방이에요.
5) 누구의 구두예요? 언니의 구두예요.

2.
1) 민호 씨의 공책이에요.
2) 우리 교실이에요.
3) 내 휴대폰이에요.
4) 동생의 운동화예요.
5) 제 가방이에요.

말하기

1.
1) 아니요, 소피아의 지우개입니다.
2) 저것은 아만다 씨의 책상입니다.

듣기

2. 1) ① ㉡   ② ㉠

듣고 말하기

2. 1) ④   2) ①

읽고 말하기

2. 1) 네, 3반 교실입니다.   2) X   3) O

3과

어휘

1.
2) 옷장이에요.   3) 냉장고예요.
4) 책장이에요.   5) 에어컨이에요.
6) 베개예요.   7) 이불이에요.
8) 침대예요.

2. 생략

문법과 표현1

1.
2) 에어컨이 있어요? 네, 에어컨이 있어요.
3) 책이 있어요? 네, 책이 있어요.
4) 구두가 있어요? 아니요, 구두가 없어요.
5) 냉장고가 있어요? 네, 냉장고가 있어요.
6) 책장이 있어요? 아니요, 책장이 없어요.

2.
3) 옷장이 있어요? 네, 옷장이 있어요.
4) 침대가 있어요? 네, 침대가 있어요.
5) 가방이 있어요? 아니요, 가방이 없어요.
6) 이불이 있어요? 네, 이불이 있어요.
7) 창문이 있어요? 네, 창문이 있어요.
8) 냉장고가 있어요? 아니요, 냉장고가 없어요.
9) 베개가 있어요? 네, 베개가 있어요.
10) 책장이 있어요? 네, 책장이 있어요.
11) 컴퓨터가 있어요? 아니요, 컴퓨터가 없어요.
12) 우산이 있어요? 아니요, 우산이 없어요.

문법과 표현2

1.
2) 교실에 시계가 있어요? 네, 교실에 시계가 있어요. 교실에 냉장고가 있어요? 아니요, 교실에 냉장고가 없어요.
3) 식당에 비빔밥이 있어요? 네, 식당에 비빔밥이 있어요. 식당에 불고기가 있어요? 아니요, 식당에 불고기가 없어요.
4) 화장실에 비누가 있어요? 네, 화장실에 비누가 있어요. 화장실에 칫솔이 있어요? 아니요, 화장실에 칫솔이 없어요.

2.
2) 신문이 어디에 있어요? 침대 위에 있어요.
3) 칠판이 어디에 있어요? 선생님 뒤에 있어요.
4) 가방이 어디에 있어요? 의자 오른쪽에 있어요.
5) 의자가 어디에 있어요? 책상 앞에 있어요.
6) 남동생이 어디에 있어요? 오빠와 언니 사이에 있어요.
7) 연필이 어디에 있어요? 의자 밑에 있어요.
8) 가위가 어디에 있어요? 지우개 옆에 있어요.
9) 달력이 어디에 있어요? 컴퓨터 왼쪽에 있어요.
10) 학생이 어디에 있어요? 교실 밖에 있어요.

문법과 표현3

1.
2) 오빠가 있어요. 언니도 있어요.
3) 연필이 있어요. 지우개도 있어요.
4) 케냐 사람이 있어요. 한국 사람도 있어요.
5) 책이 있어요. 커피도 있어요.
6) 편의점이 있어요. 커피숍도 있어요.

2.
1) 책도 있어요.   2) 히엔도 있어요.
3) 소파도 없어요.   4) 우유가 있어요. 사과도 있어요.
5) 민호가 한국 사람이에요. 수아도 한국 사람이에요.

말하기

1. 1) 소파가 없어요.   2) 침대 옆에 있어요.

듣기

2. 1) 네, 있어요.   2) ③

듣고 쓰기

2.
1) 기숙사 2층에 있어요.
2) ① O   ② X   ③ X   ④ O

3.
1) 네, 남자 기숙사가 있어요.
2) 아니요, 커피숍이 없어요.
3) 1(일)층에 있어요.
4) 여자 기숙사가 있어요.
5) 3(삼)층에 있어요.
6) 2(이)층에 있어요.

읽고 말하기

2.
1) 침대가 있어요.
2) ① 책상 위 ② 가방 안 ③ 책상 앞 ④ 침대 왼쪽
3) 생략

4과

문법과 표현1

1.

② 와요? 네, 와요.	② 쉬어요? 네, 쉬어요.	② 공부해요? 네, 공부해요.
③ 좋아요? 네, 좋아요.	③ 커요? 네, 커요.	③ 조용해요? 네, 조용해요.
④ 바빠요? 네, 바빠요.	④ 예뻐요? 네, 예뻐요.	④ 깨끗해요? 네, 깨끗해요.

2. 1) 의자가 같아요? 네, 의자가 같아요.
   2) 꽃이 예뻐요? 네, 꽃이 예뻐요.
   3) 책상이 깨끗해요? 네, 책상이 깨끗해요.
   4) 히엔이 웃어요? 네, 히엔이 웃어요.

3. 1) 공책이 비싸요? 아니요, 공책이 싸요.
   2) 침대가 넓어요? 아니요, 침대가 좁아요.
   3) 아이가 울어요? 아니요, 아이가 웃어요.
   4) 비빔밥이 맛있어요? 아니요, 비빔밥이 맛없어요.

문법과 표현2

1. 2) 수아 씨가 바빠요? 아니요, 수아 씨가 바쁘지 않아요.
   3) 날씨가 좋아요? 아니요, 날씨가 좋지 않아요.
   4) 가방이 같아요? 아니요, 가방이 같지 않아요.
   5) 학생이 적어요? 아니요, 학생이 적지 않아요.
   6) 교실이 조용해요? 아니요, 교실이 조용하지 않아요.

2. 1) 짧지 않아요. 연필이 길어요.
   2) 작지 않아요. 학교가 커요.
   3) 쉬지 않아요. 공부해요.

3. 1) 조던이 자요? 아니요, 안 자요.
   2) 모자가 커요? 아니요, 안 커요.
   3) 치마가 길어요? 아니요, 안 길어요.

문법과 표현3

1. 1) 텔레비전은 커요. 컴퓨터는 작아요.
   2) 책상은 있어요. 소파는 없어요.
   3) 불고기는 비싸요. 비빔밥은 싸요.
   4) 오빠는 웃어요. 동생은 울어요.
   5) 볼펜은 길어요. 연필은 짧아요.
   6) 수아는 한국 사람이에요. 히엔은 베트남 사람이에요.

2. 1) 연필이 많아요? 네, 많아요. 지우개도 많아요? 아니요, 지우개는 적어요.
   2) 아버지가 요리사예요? 네, 요리사예요. 어머니도 요리사예요? 아니요, 어머니는 선생님이에요.
   3) 모자가 작아요? 네, 작아요. 신발도 작아요? 아니요, 신발은 커요.
   4) 수잔이 자요? 네, 자요. 유나도 자요? 아니요, 유나는 공부해요.

말하기

1. 1) 네, 도서관이 조용해요.
   2) 한국어 책이 많아요.

듣기

1. 1) 한국말 공부가 재미있어요.
   2) ②

듣고 말하기

2. 1) 운동화가 비싸요.
   2) ① O ② O

읽고 쓰기

2. 1) 네, 편의점에 물건이 많아요.
   2) ① O ② X ③ O

3. 1) 조용해요   2) 많아요   3) 길어요
   4) 예뻐요   5) 공부해요 6) 깨끗해요

5과

어휘

1. 1) 시장이에요 2) 공원이에요
3) 병원이에요 4) 약국이에요
5) 서점이에요 6) 은행이에요
7) 영화관이에요 8) 우체국이에요
9) 백화점이에요 10) 커피숍이에요

3. 2) 사요? 네, 사요.
3) 읽어요? 네, 읽어요.
4) 봐요? 네, 봐요.
5) 찍어요? 네, 찍어요.
6) 써요? 네, 써요.
7) 마셔요? 네, 마셔요.
8) 일해요? 네, 일해요.
9) 만나요? 네, 만나요.
10) 배워요? 네, 배워요.
11) 기다려요? 네, 기다려요.
12) 노래해요? 네, 노래해요.
13) 운동해요? 네, 운동해요.
14) 들어요? 네, 들어요.
15) 걸어요? 네, 걸어요.

문법과 표현1

1. 2) 은정이 어디에 가요? 은정이 도서관에 가요.
3) 도밍고가 어디에 가요? 도밍고가 약국에 가요.

2. 1) 병원에 가요? 아니요, 약국에 가요.
2) 시장에 가요? 아니요, 영화관에 가요.
3) 백화점에 가요? 아니요, 서점에 가요.
4) 도서관에 가요? 아니요, 기숙사에 가요.

3. 1) 교회에 다녀요.
2) 병원에 다녀요.
3) 커피숍에 가요.
4) 내일도 도서관에 와요.

문법과 표현2

1. 2) 잠을 자요.
3) 밥을 먹어요.
4) 태권도를 배워요.
5) 춤을 춰요.
6) 음악을 들어요.
7) 편지를 써요.
8) 이야기를 해요.

2. 1) 책을 안 읽어요. 일기를 써요.
2) 밥을 안 먹어요. 커피를 마셔요.
3) 노래를 안 해요. 음악을 들어요.
4) 아니요, 공부를 안 해요. 이야기를 해요.
5) 아니요, 친구를 안 만나요. 버스를 기다려요.

문법과 표현3

1. 2) 어디에서 사과를 사요? 시장에서 사과를 사요.
3) 어디에서 산책을 해요? 공원에서 산책을 해요.
4) 어디에서 영화를 봐요? 영화관에서 영화를 봐요.
5) 어디에서 돈을 찾아요? 은행에서 돈을 찾아요.
6) 어디에서 소포르 보내요? 우체국에서 소포를 보내요.

2. 2) 학교에서 무엇을 해요? 학교에서 공부를 해요.
학교에서 친구를 만나요.
3) 백화점에서 무엇을 해요? 백화점에서 옷을 사요.
백화점에서 사과를 사요.
4) 공원에서 무엇을 해요? 공원에서 산책을 해요.
공원에서 사진을 찍어요.

말하기

1. 1) 커피숍에서 친구를 만나요.
2) 학교에 가요.

듣기

1. 1) 약국에서 약을 사요.
2) ②

듣고 말하기

2. 1) 백화점에서 친구를 만나요.
2) ① X ② O

읽고 쓰기

2. 1) 커피숍에서 아르바이트를 해요.
2) ① ㄹ ② ㄱ ③ ㄴ ④ ㄷ

3. 2) 사진을 찍어요. 3) 바나나를 먹어요.
4) 커피를 마셔요. 5) 시계를 봐요.
6) 이야기를 해요. 7) 음악을 들어요.
8) 비엣은 노래를 해요.

6과

어휘

1. 1) 사십이 2) 이백육십 3) 천팔백사 4) 삼만 칠천

2. 생략

3. 생략

문법과 표현1

1. 2) 칠 월 십육 일이에요. 3) 시 월 십 일이에요.
4) 일 월 이십사 일이에요. 5) 유 월 삼십 일이에요.
6) 십이 월 팔 일이에요.

2. 1) 오늘은 수요일이에요.
2) 내일은 목요일이에요.
3) 구 월 팔 일은 일요일이에요.
4) 구 월 구 일은 월요일이에요.
5) 모레는 구 월 육 일이에요.
6) 다음 주 화요일은 구 월 십 일이에요.
7) 다음 주 토요일은 구 월 십사 일이에요.

문법과 표현2

1. 2) 십이 월 이십오 일에 뭘 해요? 십이 월 이십오 일에 영화를 봐요.
3) 저녁에 뭘 해요? 저녁에 산책을 해요.
4) 다음 주 토요일에 뭘 해요? 다음 주 월요일에 집 청소를 해요.

2. 2) 내일 뭘 해요? 내일 태권도를 배워요.
3) 토요일 오후에 뭘 해요? 토요일 오후에 청소를 해요.
4) 지금 뭘 해요? 지금 음악을 들어요.
5) 생일에 뭘 해요? 생일에 친구를 만나요.
6) 일요일에 뭘 해요? 일요일에 교회에 가요.

문법과 표현3

1. 2) 유토 생일 파티는 월요일이었어요.
3) 크리스마스는 어제였어요.
4) 내 생일은 그제였어요.

2. 생략

말하기

1. 1) 오늘은 10월 21일이에요.
2) 리우청의 생일은 다음 주 목요일이에요.

듣기

1. 1) 어제는 6월 6일이었어요.
2) ① X ② X

듣고 말하기

2. 1) ③   2) ④

3. 2) 모자가 얼마예요? 모자는 이만 오천 원이에요.
3) 시계가 얼마예요? 시계는 십삼만 육천 원이에요.
4) 지갑이 얼마예요? 지갑은 삼십 사만 원이에요.
5) 꽃이 얼마예요? 꽃은 오만 원이에요.
6) 휴대폰이 얼마예요? 휴대폰은 백사십 팔만 원이에요.

읽고 말하기

2. 1) ③   2) ① X   ② X

7과

어휘

1. 생략

2. 2) 눈이 와요. 3) 추워요. 4) 더워요.
5) 맑아요. 6) 흐려요. 7) 따뜻해요.
8) 시원해요.

문법과 표현1

1.

② 좋았어요? 네, 좋았어요	② 들었어요? 네, 들었어요.	② 등산했어요? 네, 등산했어요.
③ 놀았어요? 네, 놀았어요.	③ 입었어요? 네, 입었어요.	③ 깨끗했어요? 네, 깨끗했어요.
④ 고왔어요? 네, 고왔어요.	④ 예뻤어요? 네, 예뻤어요.	④ 노래했어요? 네, 노래했어요.
⑤ 만났어요? 네, 만났어요.	⑤ 아름다웠어요? 네, 아름다웠어요.	⑤ 인사했어요? 네, 인사했어요.

2. 1) 지난주에 눈사람을 만들었어요? 네, 지난주에 눈사람을 만들었어요.
2) 아까 텔레비전을 봤어요? 네, 아까 텔레비전을 봤어요.
3) 어제 선물을 받았어요? 네, 어제 선물을 받았어요.
4) 그제 할아버지를 도왔어요? 네, 그제 할아버지를 도왔어요.
5) 어제 저녁에 날씨가 추웠어요? 네, 어제 저녁에 날씨가 추웠어요.
6) 작년에 베트남에 갔어요? 네, 작년에 베트남에 갔어요.

3. 2) 불고기가 싸지 않았어요.
3) 3월에 한국에 왔어요.

문법과 표현2

1. 2) 음악을 듣고 싶어요.
3) 친구를 만나고 싶어요.
4) 산책을 하고 싶어요.
5) 커피를 마시고 싶어요.
6) 소포를 보내고 싶어요.

2. 1) 사과를 사고 싶어요? 아니요, 사과를 사고 싶지 않아요. 딸기를 사고 싶어요.
2) 태권도를 배우고 싶어요? 아니요, 태권도를 배우고 싶지 않아요. 탁구를 배우고 싶어요.
3) 불고기를 먹고 싶어요? 아니요, 불고기를 먹고 싶지 않아요. 비빔밥을 먹고 싶어요.
4) 한국 대통령을 만나고 싶어요? 아니요, 한국 대통령을 만나고 싶지 않아요. 한국 가수를 만나고 싶어요.

3. 1) 나는 영어를 배우고 싶어요. 타냐 씨는 한국어를 배우고 싶어 해요.
2) 나는 게임을 하고 싶어요. 형은 운동을 하고 싶어 해요.
3) 우리는 액션 영화를 보고 싶어요. 부모님은 로맨스 영화를 보고 싶어 해요.
4) 나는 빵을 만들고 싶어요. 언니는 케이크를 만들고 싶어 해요.

문법과 표현3

1. 1) ① 사과와 바나나를 좋아해요.
② 비빔밥과 불고기를 좋아해요.
③ 커피와 케이크를 좋아해요.
2) ① 동생과 영화를 보고 싶어요.
② 친구와 태권도를 배우고 싶어요.
③ 어머니와 옷을 사고 싶어요.

2. 1) 커피숍과 영화관에 가고 싶어요.
2) 모자와 가방을 받고 싶어요.
3) 우산과 아이스크림을 샀어요.

말하기

1. 1) 너무 더웠어요.
2) 네, 겨울이에요.

듣기

1. 1) ②
2) ① X ② O

듣고 쓰기

2. 1) 따뜻해요
2) ③

읽고 쓰기

2. 1) 겨울이에요.   2) ②

8과

어휘

1. 1) 축구를 해요. / 태권도를 해요.
2) 탁구를 쳐요. / 테니스를 쳐요. / 배드민턴을 쳐요.
3) 스키를 타요. / 자전거를 타요. / 스케이트보드를 타요.

2. 2) 키가 작아요.   3) 머리가 길어요.
4) 머리가 짧아요.   5) 친절해요.
6) 날씬해요.   7) 멋있어요.
8) 귀여워요.

3. 2) 목걸이를 했어요? 네, 목걸이를 했어요.
3) 양말을 신었어요? 네, 양말을 신었어요.
4) 모자를 썼어요? 네, 모자를 썼어요.
5) 안경을 썼어요? 네, 안경을 썼어요.
6) 치마를 입었어요? 네, 치마를 입었어요.
7) 운동화를 신었어요? 네, 운동화를 신었어요.

문법과 표현1

1. 2) 지금 책을 읽습니까? 네, 책을 읽습니다.
3) 지금 학교에 갑니까? 네, 학교에 갑니다.
4) 지금 음악을 듣습니까? 네, 음악을 듣습니다.
5) 지금 창문을 엽니까? 네, 창문을 엽니다.
6) 지금 비가 옵니까? 네, 비가 옵니다.

2. 2) 꽃이 예쁩니까? 네, 꽃이 예쁩니다.
3) 음식이 맛있습니까? 네, 음식이 맛있습니다.
4) 날씨가 춥습니까? 네, 날씨가 춥습니다.
5) 바지가 깁니까? 네, 바지가 깁니다.
6) 교실이 깨끗합니까? 네, 교실이 깨끗합니다.

3. 1) 아픕니다.   2) 옵니다.
3) 더럽습니다.   4) 커피를 마십니다.

문법과 표현2

1.

② 놀았습니까? 네, 놀았습니다.	② 쉬었습니까? 네, 쉬었습니다.	② 좋아했습니까? 네, 좋아했습니다.
③ 짧았습니까? 네, 짧았습니다.	③ 걸었습니까? 네, 걸었습니다.	③ 공부했습니까? 네, 공부했습니다.
④ 좁았습니까? 네, 좁았습니다.	④ 멋있었습니까? 네, 멋있었습니다.	④ 날씬했습니까? 네, 날씬했습니다.
⑤ 만났습니까? 네, 만났습니다.	⑤ 귀여웠습니까? 네, 귀여웠습니다.	⑤ 친절했습니까? 네, 친절했습니다.

2. 1) 갔습니다.   2) 많았습니다.
3) 샀습니다.   4) 먹었습니다.
5) 걸었습니다.   6) 아팠습니다.
7) 즐거웠습니다.

문법과 표현3

1. 1) 선생님이 친절하고 좋습니다.
2) 케이크가 달고 맛있습니다.
3) 한국어 공부가 쉽고 재미있습니다.

2. 1) 선생님은 가르치고 학생은 배웁니다.
2) 언니는 책을 읽고 오빠는 음악을 듣습니다.

3. 1) 바다에 가고
2) 크고
3) 운동을 하고, 텔레비전을 봅니다.
4) 타고, 자전거를 탔습니다.
5) 위에 있고, 위에 있습니다.

말하기

1. 1) 10월 16일에 왔습니다.
2) 친절하고 좋습니다.

듣기

1. 1) 네, 키가 큽니다.
2) ②

듣고 말하기

2. 1) 학교 운동장에서 만났습니다.
2) ③

읽고 쓰기

2. 1) 글로벌대학교에 다닙니다.
2) ②

듣기 지문

1과 듣기

남자: 안녕하십니까? 저는 왕펑입니다. 저는 중국 사람입니다. 제 고향은 중국 베이징입니다. 저는 경찰관입니다. 어머니는 선생님입니다. 아버지는 요리사입니다.

1과 듣고 말하기

남자: 안녕하십니까? 저는 김민수입니다.
여자: 안녕하십니까? 제 이름은 리나입니다.
남자: 저는 한국 사람입니다. 리나 씨는 어느 나라 사람입니까?
여자: 저는 인도 사람입니다. 김민수 씨는 의사입니까?
남자: 아니요, 저는 의사가 아닙니다. 화가입니다.

2과 듣기

여자: 저스틴 씨! 이것은 누구의 공책이에요?
남자: 그것은 유토 씨의 공책이에요.
여자: 이것은 누구의 교과서예요?
남자: 그것은 제 교과서예요.

2과 듣고 말하기

여: 이건 창문이에요?
남: 네, 그건 창문이에요.
여: 그건 뭐예요?
남: 이건 칠판이에요.
여: 저건 시계예요?
남: 아니요, 저건 시계가 아니에요. 지도예요.

3과 듣기

여자: 제 이름은 타오예요. 이것은 우리 가족 사진이에요. 오빠가 있어요. 언니도 있어요. 오빠 옆에 남동생이 있어요. 오빠와 언니 사이에 제가 있어요.

3과 듣고 쓰기

여자: 편의점이 어디에 있어요?
남자: 기숙사 2층에 있어요.
여자: 기숙사에 식당도 있어요?
남자: 네, 식당이 편의점 밑에 있어요. 식당 옆에 커피숍도 있어요.

4과 듣기

남자: 제니 씨, 지금 쉬어요?
여자: 아니요, 지금 쉬지 않아요. 공부해요.
남자: 한국말 공부가 어때요?
여자: 한국말 공부가 재미있어요.

4과 듣고 말하기

남자: 타냐 씨, 이 운동화 어때요?
여자: 운동화가 예뻐요. 하지만 조금 비싸요.
남자: 그럼 저 구두는 어때요?
여자: 저 구두도 예뻐요. 그리고 안 비싸요.
남자: 이 가방도 예뻐요?
여자: 네, 그 가방도 정말 예뻐요.

5과 듣기

남자: 우체국이 어디예요?
여자: 저기가 우체국이에요.
남자: 여기는 병원이에요?
여자: 아니요, 여기는 약국이에요.
남자: 약국에서 무엇을 해요?
여자: 약국에서 약을 사요.

5과 듣고 말하기

여자: 준혁 씨, 보통 어디에서 친구를 만나요?
남자: 백화점에서 친구를 만나요.
여자: 거기에서 뭐 해요?
남자: 쇼핑을 해요.
여자: 백화점 식당에서 밥도 먹어요?
남자: 아니요, 밥은 안 먹어요.

6과 듣기

여자: 어제는 몇 월 며칠이었어요?
남자: 6월 6일이었어요.
여자: 무슨 요일이었어요?
남자: 수요일이었어요.
여자: 수요일 오후에 보통 뭘 해요?
남자: 저는 수요일 오후에 태권도를 배워요.

6과 듣고 말하기

여자: 민호 씨, 그건 뭐예요?
남자: 이건 제 동생 생일 선물이에요.
여자: 동생이 모자를 좋아해요?
남자: 네, 모자를 좋아해요.
여자: 모자가 정말 예뻐요. 비싸요?
남자: 아니요, 싸요. 이 모자는 만 이천 원이에요.

7과 듣기

남자: 어제는 날씨가 추웠어요. 비도 왔어요. 오늘은 날씨가 맑았어요. 그래서 친구와 공원에 가고 싶었어요. 우리는 공원에 갔어요. 거기에서 김밥과 사과를 먹었어요. 아주 맛있었어요.

7과 듣고 쓰기

여자: 유토 씨, 일본은 지금 봄이에요?
남자: 네, 지금은 봄이에요. 그래서 날씨가 따뜻해요.
여자: 유토 씨는 무슨 계절을 좋아해요?
남자: 저는 가을을 아주 좋아해요. 수아 씨는 무슨 계절을 좋아해요?
여자: 저도 가을을 좋아해요. 작년 가을 단풍이 정말 아름다웠어요.
남자: 저도 한국의 단풍을 보고 싶어요.

8과 듣기

여자: 제 친구는 키가 크고 머리가 깁니다. 안경을 쓰고 모자도 썼습니다. 그리고 목걸이를 하고 귀걸이는 하지 않았습니다. 치마를 입고 운동화를 신었습니다. 양말도 신었습니다.

8과 듣고 말하기

여자: 리우청 씨, 한국 친구가 있습니까?
남자: 네, 한국 친구가 있습니다.
여자: 그 친구를 어디에서 처음 만났습니까?
남자: 학교 운동장에서 만났습니다.
여자: 그 친구와 보통 무엇을 합니까?
남자: 주말에 운동장에서 농구를 합니다.